农民工有困难找工会丛书

中国工人出版社

张　帆　李庆堂
庞　洋　闫宇平　策划

李建平　吕　静　主编

农民工权益维护手册（修订版）

谢良敏　毕　颖　编写
王春生　王　岩
雷　军　木　子　插图

图书在版编目（CIP）数据

农民工权益维护手册（修订版）/ 谢良敏，毕颖编写. —北京：中国工人出版社，2014.10

（农民工有困难找工会丛书）

ISBN 978-7-5008-5949-9

Ⅰ. ①农… Ⅱ. ①谢… ②毕… Ⅲ. ①民工—劳动就业—劳动法—中国—手册 Ⅳ. ①D922.5-62

中国版本图书馆CIP数据核字（2014）第247809号

农民工权益维护手册(修订版)

出 版 人　李庆堂
责任编辑　赵晨羽
责任校对　孙逦伟
责任印制　栾征宇
出版发行　中国工人出版社
地　　址　北京市东城区鼓楼外大街45号 邮编：100120
网　　址　http://www.wp-china.com
电　　话　（010）62350006（总编室）
　　　　　（010）62005039（营销出版部）
　　　　　（010）82075935（工会与劳动关系分社）
发行热线　（010）62004002
　　　　　（010）82081553（传真）
经　　销　各地书店
印　　刷　北京市密东印刷有限公司
开　　本　850毫米×1168毫米　1/32
印　　张　5
字　　数　140千字
版　　次　2014年12月第1版　2021年4月第5次印刷
定　　价　15.00元

修订说明

自2006年《农民工有困难找工会丛书》出版以来，全国各级工会以此为服务农民工的依托，在组织农民工加入工会、为农民工维权、加强对农民工的培训、提升农民工的素质、丰富农民工的文化生活等方面做了很多工作，帮助解决农民工最关心、最直接、最现实的利益问题，把“农民工有困难要维权找工会”做实、做好，收到了良好的效果。

该套图书以实用性、指导性得到全国各级工会组织、农民工朋友的广泛认同，2007年荣获首届中国出版政府奖图书奖提名奖，还被列入工会“送温暖”活动指定图书、国务院“送书下乡工程推荐书目”、农家书屋书目，荣获全国服务三农优秀图书奖等，为广大工会组织团结带领农民工做出了贡献。

随着时代的不断发展以及新形势对工会提出的新要求，中国工人出版社对丛书进行了修订。修订围绕党和政府多年来针对农民工问题连续出台的一系列政策措施展开，融会当前工会做好农民工工作的着力点，从统筹城乡发展，加强职工队伍建设的战略高度，积极协助政府有序推进农业转移人口市民化，帮助进城农民工融入城市，增加了就业求职的新方法、城市生活的新现象、法律更新后的权益维护新手段、社会进步下的精神生活新追求、加入工会的新举措，切实做好进城后的制度保证、素质提升、宣传引导、权益维护、就业生活等，解决农业转移人口在城镇就业和落户中遇到的突出问题。同时本书坚持生动活泼的写作方式，更适合农民工朋友和工会工作者阅读和使用。

衷心希望这套丛书能成为农民工朋友的良师益友和工会组织进一步做好农民工工作的好助手。

编　者

2014 年 10 月

我们共同享有的权利

“告别了年迈的爹娘，拥别了读书的儿郎。背起简单的行囊，走出熟悉的村庄。”这几乎是我们每一位农民工的情感写照。

随着经济的快速发展和城乡收入差距的加大，我们离开了祖祖辈辈生活的地方涌入陌生的城市打工，或进入工厂企业，或分散于城乡之间，在不同的岗位为国家和社会做出了贡献。我们与其他城镇职工一样在城市里生活，虽然身份不同但我们有着共同的权利。

(1) 平等就业和选择职业的权利：我们在就业时，不会因民族、种族、性别、宗教信仰不同而受到歧视，选择职业时，有权选择适合自己的才能、爱好和兴趣的职业。

(2) 取得劳动报酬的权利：我们按照用人单位的要求付出了劳动，就应获得相应的报酬。

(3) 休息休假的权利：我们在法律规定的休息时间里不必从事生产和工作，可自由支配自己的时间。

(4) 获得劳动安全卫生保护的权利：国家制定相关的法律、法规，保障我们的安全卫生权利得以实现。

(5) 接受职业技能培训的权利：职业技能培训是指国家和用人单位对准备就业的劳动者，采用以培养和提高其职业技能为目的的技术业务知识、实际操作技能的教育与训练措施，这是我们能够顺利就业的基本条件。

(6) 享受社会保险和福利的权利：不论是城镇职工还是我们

农民工，在享受养老、医疗、工伤、失业和生育保险方面的权利应当是同等的。

（7）提请劳动争议处理的权利：在劳动关系中，我们始终处于劣势，发生争议后，其劳动权利的维护较为艰难，甚至会因此失去工作。国家制定法律明确规定了我们的诉权，以保护我们在劳动争议中所处的不利地位，实现合法权益。

（8）我们有权依法参加工会组织的权利。

（9）法律规定的其他劳动权利。如：妇女享有与男子平等的就业权利等。

目录

一、劳动合同要签订　依法维权是凭据

二、工时休假有规定　工资拖欠法不允

三、参加社保有保障　工伤保险解忧愁

四、劳动安全受保护　女工童工享特殊

五、争议处理分程序　法律援助可申请

附 录

一、劳动合同要签订 依法维权是凭据

特别提示

关于签订劳动合同的主要法律法规

※ 中华人民共和国劳动合同法（2012.12.28 修正）

※ 中华人民共和国劳动合同法实施条例（2008.9.18）

※ 中华人民共和国劳动法（2009.8.27 修正）

※ 劳动部关于贯彻执行《中华人民共和国劳动法》若干问题的意见（1995.8.4）

※ 劳动和社会保障部关于确立劳动关系有关事项的通知（2005.5.25）

※ 劳务派遣暂行规定（2014.1.24）

※ 集体合同规定（2004.1.20）

※ 工资集体协商试行办法（2000.11.8）

（一）劳动合同的订立

1. 什么是劳动合同，农民工与用人单位为什么要签订劳动合同？

劳动合同是劳动者与用人单位确立劳动关系、明确双方权利和义务的协议。建立劳动关系应当订立劳动合同。

订立和变更劳动合同，应当遵循平等自愿、协商一致的原则，不得违反法律、行政法规的规定。劳动合同依法订立即具有法律约束力，当事人必须履行劳动合同规定的义务。

农民工与用人单位建立劳动关系，应当订立劳动合同。用人单位可以通过劳动合同管理职工，完成生产活动；农民工则可以依据劳动合同，避免自己的劳动权益遭受不法侵犯。

> **特别提示**
>
> 当用人单位与农民工发生纠纷时，劳动合同就成为处理双方争议的重要法律文件，因此，劳动合同不是可订可不订的事，而是建立劳动关系依法办事的要求。

2. 劳动合同该如何订立?

签订劳动合同是指劳动合同双方当事人就已经达成一致的条款进行签字，使劳动合同成立。建立劳动关系，应当订立书面劳动合同。劳动合同由用人单位与劳动者协商一致，并经用人单位与劳动者在劳动合同文本上签字或者盖章生效。

劳动合同一经书面签订，即具有法律约束力。

3. 农民工的劳动合同应包括哪些内容?

《劳动合同法》规定，劳动合同应当具备以下条款：

（1）用人单位的名称、住所和法定代表人或者主要负责人；

（2）劳动者的姓名、住址和居民身份证或者其他有效身份证件号码；

（3）劳动合同期限；

（4）工作内容和工作地点；

（5）工作时间和休息休假；

（6）劳动报酬；

（7）社会保险；

（8）劳动保护、劳动条件和职业危害防护；

（9）法律、法规规定应当纳入劳动合同的其他事项。

劳动合同除前款规定的必备条款外，用人单位与劳动者可以约定试用期、培训、保守秘密、补充保险和福利待遇等其他事项。

《国务院关于进一步做好为农民工服务工作的意见》规定，在务工流动性大、季节性强、时间短的农民工中推广简易劳动合同示范文本。

劳动合同书

用人单位（甲方）：

法定代表人：　　　　　　　　　　职务：

地址：

电话：

劳动者（乙方）：　　　　性别：　　　　出生年月：

住址：

电话：　　　　　　　　　身份证号码：

根据《中华人民共和国劳动法》及国家有关规定，甲乙双方经平等协商一致，自愿签订本合同，建立劳动关系，并共同遵守合同所列条款。

第一条：

第二条：

……

甲方（签字或盖章）　　　　　　　　乙方（签字或盖章）

年　　月　　日　　　　　　　　　　年　　月　　日

使用说明：

用人单位起草劳动合同书时，可采用此文书式样。签订劳动合同应一式两份，甲乙双方各持一份。

4. 什么是无固定期限劳动合同，农民工是否可以订立无固定期限劳动合同？

根据《劳动合同法》的规定，无固定期限劳动合同，是指用人单位与劳动者约定无确定终止时间的劳动合同。

无固定期限劳动合同一般为长期合同。用人单位与劳动者协商一致，可以订立无固定期限劳动合同。有下列情形之一，劳动者提出或者同意续订、订立劳动合同的，除劳动者提出订立固定期限劳动合同外，应当订立无固定期限劳动合同：

（1）劳动者在该用人单位连续工作满十年的；

（2）用人单位初次实行劳动合同制度或者国有企业改制重新订立劳动合同时，劳动者在该用人单位连续工作满十年且距法定退休年龄不足十年的；

（3）连续订立二次固定期限劳动合同，且劳动者没有本法第三十九条和第四十条第一项、第二项规定的情形，续订劳动合同的。

用人单位自用工之日起满一年不与劳动者订立书面劳动合同的，视为用人单位与劳动者已订立无固定期限劳动合同。

因此，只要符合上述条件，农民工就有权与用人单位签订无固定期限劳动合同。

5. 劳动合同的试用期是怎样规定的，试用期的劳动报酬如何确定？

劳动合同可以约定试用期。对于试用期的长短，《劳动合同法》规定，劳动合同期限 3 个月以上不满 1 年的，试用期不得超过 1 个月；劳动合同期限 1 年以上不满 3 年的，试用期不得超过 2 个月；3 年以上固定期限和无固定期限的劳动合同，试用期不得超过 6 个月。以完成一定工作任务为期限的劳动合同或者劳动合同期限不满 3 个月的，不得约定试用期。

劳动合同的试用期是用人单位和劳动者为互相了解、选择而约定的考察期，同一用人单位与同一劳动者只能约定一次试用期。

需要注意的是，试用期包含在劳动合同期限内。劳动合同仅约定试用期的，试用期不成立，该期限为劳动合同期限。

对于试用期的劳动报酬，《劳动合同法》规定，劳动者在试用期的工资不得低于本单位相同岗位最低档工资的 80% 或者不得低于劳动合同约定工资的 80%，并不得低于用人单位所在地的最低工资标准。

6. 什么样的劳动合同是无效的?

根据《劳动合同法》的规定，下列劳动合同无效或者部分无效：

（1）以欺诈、胁迫的手段或者乘人之危，使对方在违背真实意思的情况下订立或者变更劳动合同的；

（2）用人单位免除自己的法定责任、排除劳动者权利的；

（3）违反法律、行政法规强制性规定的。

农民工在签订劳动合同时遇到上述情况，可以请求劳动争议仲裁机构或者人民法院确认其劳动合同无效。

劳动合同部分无效，不影响其他部分效力的，其他部分仍然有效。

7. 劳动合同被认定无效后，农民工如何维护自己的合法权益?

农民工在向用人单位提供劳动后，劳动合同被确认无效的，用人单位应当向农民工支付劳动报酬。劳动报酬的数额，参照本单位相同或者相近岗位劳动者的劳动报酬确定。

劳动合同被确认为部分无效时，不影响其他部分效力的，其他部分仍然有效。因此，劳动合同应当继续履行。

8. 农民工的居民身份证或者其他证件被单位扣押怎么办?

根据《劳动合同法》的规定，用人单位招用劳动者，不得扣押劳动者的居民身份证或其他证件。因此，用人单位扣押农民工的身份证件是违法的。

法律规定，用人单位违法扣押劳动者居民身份证等证件的，应当由劳动行政部门责令限期退还劳动者本人，并依照有关法律规定给予处罚。

9. 找工作时要求农民工缴纳押金的怎么办?

根据《劳动合同法》规定，用人单位招用劳动者时，不得要求劳动者提供担保或者以其他名义向劳动者收取财物。因此，用人单位在招用农民工时要求其缴纳押金是违法的。

法律规定，用人单位以担保或者其他名义向劳动者收取财物的，由劳动行政部门责令限期退还劳动者本人，并以每人500元以上2000元以下的标准处以罚款；给劳动者造成损害的，应当承担赔偿责任。劳动者依法解除或者终止劳动合同，用人单位扣押劳动者档案或者其他物品的，依照前款规定处罚。

（二）劳动关系认定

1. 未与农民工签订书面劳动合同的，其劳动关系是否成立？

针对部分用人单位招用劳动者不签订劳动合同，发生劳动争议时因双方劳动关系难以确定，致使劳动者合法权益难以维护的情况，劳动和社会保障部2005年颁布了《关于确立劳动关系有关事项的通知》。根据规定，用人单位招用劳动者未订立书面劳动合同，但同时具备下列情形的，劳动关系成立：

（1）用人单位和劳动者符合法律、法规规定的主体资格；

（2）用人单位依法制定的各项劳动规章制度适用于劳动者，劳动者受用人单位的劳动管理，从事用人单位安排的有报酬的劳动；

（3）劳动者提供的劳动是用人单位业务的组成部分。

《劳动合同法》也规定，用人单位自用工之日起即与劳动者建立劳动关系。可见，未签订书面劳动合同，并不影响劳动关系的成立。

> **特别提示**
>
> 劳动者与用人单位就是否存在劳动关系引发争议的，可以向有管辖权的劳动争议仲裁委员会申请仲裁。

2. 认定用人单位和劳动者双方存在劳动关系的参照凭证有哪些？

用人单位未与劳动者签订劳动合同，认定双方存在劳动关系时可参照下列凭证：

（1）工资支付凭证或记录（职工工资发放花名册）、缴纳各项社会保险费的记录；

（2）用人单位向劳动者发放的“工作证”、“服务证”等能够证明身份的证件；

（3）劳动者填写的用人单位招工招聘“登记表”、“报名表”等招用记录；

（4）考勤记录；

（5）其他劳动者的证言等。

上述证据中，前三项的有关凭证由用人单位负举证责任。

3. 应与农民工订立劳动合同而没有订立的该如何解决？

根据《劳动合同法》的规定，已建立劳动关系，未同时订立书面劳动合同的，应当自用工之日起1个月内订立书面劳动合同。

用人单位自用工之日起超过1个月不满1年未与劳动者订立书面劳动合同的，应当向劳动者每月支付2倍的工资；自用工之日起满1年不与劳动者订立书面劳动合同的，视为用人单位与劳动者已订立无固定期限劳动合同。

4. 用人单位将工程（业务）或经营权发包给不具备用工主体资格的组织或自然人时怎样认定用工主体？

建筑施工、矿山企业等用人单位将工程（业务）或经营权发包给不具备用工主体资格的组织或自然人，对该组织或自然人招用的劳动者，由具备用工主体资格的发包方承担用工主体责任。

（三） 劳动合同的履行和变更

1. 在劳动合同履行过程中，用人单位承担何种义务？

根据《劳动合同法》规定，用人单位应当按照劳动合同约定和国家规定，向劳动者及时足额支付劳动报酬。用人单位拖欠或者未足额支付劳动报酬的，劳动者可以依法向当地人民法院申请支付令，人民法院应当依法发出支付令。

此外，用人单位应当严格执行劳动定额标准，不得强迫或者变相强迫劳动者加班。用人单位安排加班的，应当按照国家有关规定向劳动者支付加班费。

2. 农民工是否可以拒绝用人单位强令违章作业的要求?

根据《劳动合同法》规定，劳动者拒绝用人单位管理人员违章指挥、强令冒险作业的，不视为违反劳动合同。劳动者对危害生命安全和身体健康的劳动条件，有权对用人单位提出批评、检举和控告。可见，用人单位强令农民工违章作业时，农民工有权拒绝。

3. 与农民工签订劳动合同的用人单位发生变更时怎么办?

与农民工订立劳动合同的用人单位可能会发生变更，这可能会导致农民工在主张劳动权利时出现困难。对此，《劳动合同法》规定，与农民工签订劳动合同的用人单位变更名称、法定代表人、主要负责人或者投资人等事项，不影响劳动合同的履行。用人单位发生合并或者分立等情况，原劳动合同继续有效，劳动合同由承继其权利和义务的用人单位继续履行。

4. 劳动合同如何变更?

已经签订的劳动合同并非一成不变，劳动合同双方可以通过法律规定的程序对劳动合同的内容进行变更。根据《劳动合同法》规定，变更劳动合同约定的内容，应当经用人单位与劳动者协商一致。同时，法律规定，变更劳动合同，应当采用书面形式。变更后的劳动合同文本由用人单位和劳动者各执一份。

（四） 劳动合同的解除和终止

1. 劳动合同是否可以解除?

根据《劳动合同法》规定，用人单位与劳动者协商一致，可

以解除劳动合同。双方协商解除劳动合同的，应当依照国家有关规定给予经济补偿。

2. 劳动者解除劳动合同有什么规定?

根据《劳动合同法》的规定，劳动者提前 30 日以书面形式通知用人单位，可以解除劳动合同。劳动者在试用期内提前 3 日通知用人单位，可以解除劳动合同。

用人单位有下列情形之一的，劳动者可以随时通知用人单位解除劳动合同：

（1）未按照劳动合同约定提供劳动保护或者劳动条件的；

（2）未及时足额支付劳动报酬的；

（3）未依法为劳动者缴纳社会保险费的；

（4）用人单位的规章制度违反法律、法规的规定，损害劳动者权益的；

（5）以欺诈、胁迫的手段或者乘人之危使对方在违背真实意思的情况下订立或者变更劳动合同，免除自己的法定责任、排除劳动者权利，或者违反法律、行政法规强制性规定，致使劳动合同无效的；

（6）法律、行政法规规定劳动者可以解除劳动合同的其他情形。

用人单位以暴力、威胁或者非法限制人身自由的手段强迫劳动者劳动的，或者用人单位违章指挥、强令冒险作业危及劳动者人身安全的，劳动者可以立即解除劳动合同，不需事先告知用人单位。

3. 劳动者提前 30 日解除劳动合同有无其他限制?

根据相关规定，劳动者提前 30 日以书面形式通知用人单位，既是解除劳动合同的程序，也是解除劳动合同的条件。劳动者提前 30 日以书面形式通知用人单位，解除劳动合同，无须征得用

人单位的同意。超过30日，劳动者向用人单位提出办理解除劳动合同的手续，用人单位应予以办理。但由于劳动者违反劳动合同有关约定而给用人单位造成经济损失的，应依据有关法律、法规、规章的规定和劳动合同的约定，由劳动者承担赔偿责任。

4. 用人单位在什么情况下可以解除劳动者的劳动合同?

根据《劳动合同法》规定，劳动者有下列情形之一的，用人单位可以解除劳动合同：

（1）在试用期间被证明不符合录用条件的；

（2）严重违反用人单位的规章制度的；

（3）严重失职，营私舞弊，给用人单位造成重大损害的；

（4）劳动者同时与其他用人单位建立劳动关系，对完成本单位的工作任务造成严重影响，或者经用人单位提出，拒不改正的；

（5）以欺诈、胁迫的手段或者乘人之危使对方在违背真实意思的情况下订立或者变更劳动合同，致使劳动合同无效的；

（6）被依法追究

刑事责任的。

5. 在什么情形下用人单位解除劳动合同应当提前通知劳动者？

根据《劳动合同法》的规定，有下列情形之一的，用人单位可以解除劳动合同，但是应当提前30日以书面形式通知劳动者本人或者额外支付劳动者1个月工资：

（1）劳动者患病或者非因工负伤，在规定的医疗期满后不能从事原工作，也不能从事由用人单位另行安排的工作的；

（2）劳动者不能胜任工作，经过培训或者调整工作岗位，仍不能胜任工作的；

（3）劳动合同订立时所依据的客观情况发生重大变化，致使劳动合同无法履行，经用人单位与劳动者协商，未能就变更劳动合同内容达成协议的。

用人单位依据上述规定解除劳动合同的，应当依照国家有关规定给予经济补偿。

6. 在什么情形下用人单位可以裁员，裁员应当符合哪些条件？

根据《劳动合同法》的规定，有下列情形之一，需要裁减人员20人以上或者裁减不足20人但占企业职工总数10%以上的，用人单位提前30日向工会或者全体职工说明情况，听取工会或者职工的意见后，裁减人员方案经向劳动行政部门报告，可以裁减人员：

（1）依照企业破产法规定进行重整的；

（2）生产经营发生严重困难的；

（3）企业转产、重大技术革新或者经营方式调整，经变更劳动合同后，仍需裁减人员的；

（4）其他因劳动合同订立时所依据的客观经济情况发生重大

变化，致使劳动合同无法履行的。

特别提示

用人单位裁减人员时，应当优先留用下列人员：

（1）与本单位订立较长期限的固定期限劳动合同的；

（2）与本单位订立无固定期限劳动合同的；

（3）家庭无其他就业人员，有需要扶养的老人或者未成年人的。

用人单位依照上述规定裁减人员，在6个月内重新招用人员的，应当通知被裁减的人员，并在同等条件下优先招用被裁减的人员。

7. 用人单位在哪些情形下不得解除劳动合同?

根据《劳动合同法》的规定，劳动者有下列情形之一的，用人单位不得依照《劳动合同法》第四十条、第四十一条的规定解除劳动合同：

（1）从事接触职业病危害作业的劳动者未进行离岗前职业健康检查，或者疑似职业病病人在诊断或者医学观察期间的；

（2）在本单位患职业病或者因工负伤并被确认丧失或者部分丧失劳动能力的；

（3）患病或者非因工负伤，在规定的医疗期内的；

（4）女职工在孕期、产期、哺乳期的；

（5）在本单位连续工作满15年，且距法定退休年龄不足5年的；

（6）法律、行政法规规定的其他情形。

特别提示

用人单位单方解除劳动合同，应当事先将理由通知工会。用人单位违反法律、行政法规规定或者劳动合同约定的，工会有权要求用人单位纠正。用人单位应当研究工会的意见，并将处理结果书面通知工会。

8. 劳动合同在什么情况下终止?

根据《劳动合同法》的规定，有下列情形之一的，劳动合同终止：

（1）劳动合同期满的；

（2）劳动者开始依法享受基本养老保险待遇的；

（3）劳动者死亡，或者被人民法院宣告死亡或者宣告失踪的；

（4）用人单位被依法宣告破产的；

（5）用人单位被吊销营业执照、责令关闭、撤销或者用人单位决定提前解散的；

（6）法律、行政法规规定的其他情形。

劳动合同终止后，原先用人单位和劳动者之间存在的劳动关系也不再存在，双方劳动合同中的权利义务也随之消失。

9. 事实劳动关系的终止应该怎样认定?

最高人民法院《关于审理劳动争议案件适用法律若干问题的解释》规定：劳动合同期满后，劳动者仍在原用人单位工作，原用人单位未表示异议的，视为双方同意以原条件继续履行劳动合同。一方提出终止劳动关系的，人民法院应当支持。该规定中的“终止”，是指劳动合同期满后，劳动者仍在原用人单位工作，用人单位未表示异议的，劳动者和原用人单位之间存在的是一种事实上的劳动关系，而不等于双方按照原劳动合同约定的期限续签了一个新的劳动合同。一方提出终止劳动关系的，应认定为终止事实上的劳动关系。

（五） 经济补偿金和违反劳动合同的赔偿

1. 在哪些情形下劳动者可以获得经济补偿?

《劳动合同法》规定，有下列情形之一的，用人单位应当向劳动者支付经济补偿：

（1）劳动者依照《劳动合同法》第三十八条规定解除劳动合同的；

（2）用人单位依照《劳动合同法》第三十六条规定向劳动者提出解除劳动合同并与劳动者协商一致解除劳动合同的；

（3）用人单位依照《劳动合同法》第四十条规定解除劳动合同的；

（4）用人单位依照《劳动合同法》第四十一条第一款规定裁减人员，解除劳动合同的；

（5）除用人单位维持或者提高劳动合同约定条件续订劳动合同，劳动者不同意续订的情形外，因劳动合同期满终止固定期限劳动合同的；

（6）因用人单位被依法宣告破产、被吊销营业执照、责令关闭、撤销或者用人单位决定提前解散而终止劳动合同的；

（7）法律、行政法规规定的其他情形。

2. 经济补偿应按照什么标准支付？

根据《劳动合同法》的规定，经济补偿按劳动者在本单位工作的年限，每满1年支付1个月工资的标准向劳动者支付。6个月以上不满1年的，按1年计算；不满6个月的，向劳动者支付半个月工资的经济补偿。

劳动者月工资高于用人单位所在直辖市、设区的市级人民政府公布的本地区上年度职工月平均工资3倍的，向其支付经济补偿的标准按职工月平均工资3倍的数额支付，向其支付经济补偿的年限最高不超过12年。

特别提示

经济补偿标准中提到的月工资是指劳动者在劳动合同解除或者终止前12个月的平均工资。

3. 解除劳动合同在什么情形下可以不支付经济补偿？

根据《关于实行劳动合同制度若干问题的通知》第2条规定，劳动者按照《劳动法》第二十四条的规定，主动提出解除劳动合同的，用人单位可以不支付经济补偿金。

劳动者在劳动合同期限内，由于主管部门调动或转移工作单位而被解除劳动合同，未造成失业的，用人单位可以不支付经济补偿金。

4. 劳动者能否向不签订劳动合同的用人单位要求经济补偿？

根据《劳动合同法实施条例》的规定，用人单位自用工之日起超过 1 个月不满 1 年未与劳动者订立书面劳动合同的，应当依照《劳动合同法》第八十二条的规定向劳动者每月支付 2 倍的工资，并与劳动者补订书面劳动合同；劳动者不与用人单位订立书面劳动合同的，用人单位应当书面通知劳动者终止劳动关系，并依照《劳动合同法》第四十七条的规定支付经济补偿。

5. 用人单位违反劳动合同规定的哪些情形应赔偿劳动者的损失？

根据《劳动合同法》的规定，用人单位有下列情形之一的，应当赔偿劳动者的损失：

（1）用人单位直接涉及劳动者切身利益的规章制度违反法律、法规规定，给劳动者造成损失的，应当承担赔偿责任；

（2）用人单位提供的劳动合同文本未载明本法规定的劳动合同必备条款或者用人单位未将劳动合同文本交付劳动者，给劳动者造成损害的，应当承担赔偿责任；

（3）用人单位自用工之日起超过 1 个月不满 1 年未与劳动者订立书面劳动合同的，或者违反本规定不与劳动者订立无固定期限劳动合同的，应向劳动者每月支付 2 倍的工资；

（4）用人单位违反《劳动合同法》规定约定试用期，且违法约定的试用期已经履行的，由用人单位以劳动者试用期满月工资为标准，按已经履行的超过法定试用期的期间向劳动者支付赔偿金；

（5）用人单位扣押劳动者居民身份证等证件、以担保或者其他名义向劳动者收取财物，或者在劳动者依法解除或者终止劳动合同时扣押劳动者档案或者其他物品，给劳动者造成损害的，应当承担赔偿责任；

（6）用人单位不按照规定或约定向劳动者支付劳动报酬的，应当按应付金额 50% 以上 100% 以下的标准向劳动者加付赔偿金；

（7）用人单位有以暴力、威胁或者非法限制人身自由的手段强迫劳动的，违章指挥或者强令冒险作业危及劳动者人身安全的，侮辱、体罚、殴打、非法搜身或者拘禁劳动者的，劳动条件恶劣、环境污染严重，给劳动者身心造成严重损害等情形，给劳动者造成损害的，应当承担赔偿责任；

（8）用人单位未向劳动者出具解除或者终止劳动合同的书面证明，给劳动者造成损害的，应当承担赔偿责任。

6. 在哪些情形下，劳动者需向用人单位支付违约金、赔偿金？

有以下情形之一的，劳动者应当向用人单位支付违约金：

（1）劳动者违反服务期约定的，应当按照约定向用人单位支付违约金。违约金的数额不得超过用人单位提供的培训费用。

（2）劳动者违反竞业限制约定的，应当按照约定向用人单位支付违约金。

有以下情形之一的，劳动者应当向用人单位支付赔偿金：

（1）由于劳动者的原因造成劳动合同依照《劳动合同法》第二十六条规定被确认无效，给用人单位造成损害的，应当承担赔偿责任；

（2）劳动者违反《劳动合同法》规定解除劳动合同，或者违反劳动合同中约定的保密义务或者竞业限制，给用人单位造成损失的，应当承担赔偿责任。

（六）集体合同

1. 什么是集体合同，农民工可否享受集体合同待遇？

根据《劳动合同法》的规定，企业职工一方与用人单位通过平等协商，可以就劳动报酬、工作时间、休息休假、劳动安全卫生、保险福利等事项订立集体合同。集体合同草案应当提交职工代表大会或者全体职工讨论通过。集体合同由工会代表企业职工一方与用人单位订立；尚未建立工会的用人单位，由上级工会指导劳动者推举的代表与用人单位订立。

企业职工一方还可以与用人单位就劳动安全卫生、女职工权益保护、工资调整机制等订立专项集体合同。

依法签订的集体合同对企业和企业全体职工具有约束力。农民工作为企业职工，可以享受集体合同中规定的待遇，与企业订立的劳动合同中劳动条件和劳动报酬等标准不得低于集体合同的规定。

特别提示

集体合同中劳动报酬和劳动条件等标准不得低于当地人民政府规定的最低标准；用人单位与劳动者订立的劳动合同中劳动报酬和劳动条件等标准不得低于集体合同规定的标准。

2. 订立集体合同应符合什么程序？

集体合同的订立一般应经过以下程序：

经双方协商代表协商一致的集体合同草案或专项集体合同草案应当提交职工代表大会或者全体职工讨论。

职工代表大会或者全体职工讨论集体合同草案或专项集体合同草案，应当有三分之二以上职工代表或者职工出席，且须经全体职工代表半数以上或者全体职工半数以上同意，集体合同草案或专项集体合同草案方获通过。

集体合同草案或专项集体合同草案经职工代表大会或者职工大会通过后，由集体协商双方首席代表签字。

集体合同或专项集体合同期限一般为 1 至 3 年，期满或双方约定的终止条件出现，即行终止。集体合同或专项集体合同期满前 3 个月内，任何一方均可向对方提出重新签订或续订的要求。

集体合同订立后，应当报送劳动行政部门；劳动行政部门自收到集体合同文本之日起 15 日内未提出异议的，集体合同即行生效。

3. 集体合同的变更和解除有什么规定？

双方集体协商代表协商一致，可以变更或解除集体合同或专项集体合同。有下列情形之一的，可以变更或解除集体合同或专项集体合同：

（1）用人单位因被兼并、解散、破产等原因，致使集体合同或专项集体合同无法履行的；

（2）因不可抗力等原因致使集体合同或专项集体合同无法履行或部分无法履行的；

（3）集体合同或专项集体合同约定的变更或解除条件出现的；

（4）法律、法规、规章规定的其他情形。

4. 工资集体协商和工资协议是怎么回事？

工资集体协商，是指职工代表与企业代表依法就企业内部工资分配制度、工资分配形式、工资收入水平等事项进行平等协商，在协商一致的基础上签订工资协议的行为。工资协议，是指专门就工资事项签订的专项集体合同。已订立集体合同的，工资协议作为集体合同的附件，并与集体合同具有同等效力。劳动和社会保障部的《工资集体协商试行办法》对此作了规定。

5. 工资集体协商一般包括哪些内容？

工资集体协商一般包括以下内容：

（1）工资协议的期限；

（2）工资分配制度、工资标准和工资分配形式；

（3）职工年度平均工资水平及其调整幅度；

（4）奖金、津贴、补贴等分配办法；

（5）工资支付办法；

（6）变更、解除工资协议的程序；

（7）工资协议的终止条件；

（8）工资协议的违约责任；

（9）双方认为应当协商约定的其他事项。

6. 工资集体协商应经过哪些程序？

职工和企业任何一方均可提出进行工资集体协商的要求。工资集体协商的提出方应向另一方提出书面的协商意向书，明确协商的时间、地点、内容等。另一方接到协商意向书后，应于20日内予以书面答复，并与提出方共同进行工资集体协商。在不违反有关法律、法规的前提下，协商双方有义务按照对方要求，在协商开始前5日内，提供与工资集体协商有关的真实情况和资料。

工资协议草案应提交职工代表大会或职工大会讨论审议。工资集体协商双方达成一致意见后，由企业行政方制作工资协议文本。

工资协议经双方首席代表签字盖章后成立。

（七）劳务派遣与非全日制用工

1. 什么是劳务派遣？

根据《劳动合同法》的规定，劳务派遣是指劳务派遣单位与用工单位订立劳务派遣协议，由劳务派遣单位与被派遣劳动者订立书面劳动合同，并由劳务派遣单位指派被派遣劳动者在用工单位处接受用工单位管理、提供劳动的用工方式。劳务派遣单位、用工单位和被派遣劳动者之间形成“有关系没劳动，有劳动没关系”的特殊形态。

2. 被派遣农民工和谁订立劳动合同？

根据《劳动合同法》的规定，被派遣劳动者与劳务派遣单位订立劳动合同。劳务派遣合同应该以书面形式订立。劳务派遣单位应当与被派遣劳动者订立两年以上的固定期限劳动合同。

劳动者与用工单位不签订劳动合同，而是应当由劳务派遣单位与用工单位签订劳务派遣协议。劳务派遣协议中应规定劳务派遣单位与用工单位之间的权利义务，并明确劳务派遣单位与用工单位对被派遣劳动者各自应当履行的义务和具体实现方式。被派遣劳动者对劳务派遣协议享有知情权，劳务派遣单位应当将劳务派遣协议的内容告知被派遣劳动者。

3. 劳务派遣单位应当对被派遣农民工履行哪些义务？

（1）如实告知被派遣劳动者《劳动合同法》第八条规定的事项、应遵守的规章制度以及劳务派遣协议的内容；

（2）建立培训制度，对被派遣劳动者进行上岗知识、安全教育培训；

（3）按照国家规定和劳务派遣协议约定，依法支付被派遣劳动者的劳动报酬和相关待遇；

（4）按照国家规定和劳务派遣协议约定，依法为被派遣劳动者缴纳社会保险费，并办理社会保险相关手续；

（5）督促用工单位依法为被派遣劳动者提供劳动保护和劳动安全卫生条件；

（6）依法出具解除或者终止劳动合同的证明；

（7）协助处理被派遣劳动者与用工单位的纠纷；

（8）法律、法规和规章规定的其他事项。

4. 用工单位应当对被派遣农民工履行哪些义务？

（1）执行国家劳动标准，提供相应的劳动条件和劳动保护；

（2）告知被派遣劳动者的工作要求和劳动报酬；

（3）支付加班费、绩效奖金，提供与工作岗位相关的福利待遇；

（4）对在岗被派遣劳动者进行工作岗位所必需的培训；

（5）连续用工的，实行正常的工资调整机制。

用工单位不得将被派遣劳动者再派遣到其他用人单位。

5. 发生劳动纠纷时，劳务派遣单位和用工单位如何承担责任？

根据《劳动合同法》的规定，用工单位给被派遣劳动者造成损害的，劳务派遣单位与用工单位承担连带赔偿责任。

劳务派遣单位或用工单位向被派遣劳动者承担赔偿责任后，可以根据双方的劳务派遣协议或法律规定确定具体的责任分配，已经承担赔偿责任的一方可以向未承担责任的一方追偿。

6. 劳务派遣单位能与被派遣农民工约定试用期吗？

劳务派遣单位与被派遣劳动者签订劳动合同，是被派遣劳动者的“用人单位”，可以依法与被派遣劳动者约定试用期。但劳务派遣单位与同一被派遣劳动者只能约定一次试用期。而用工单位与劳动者之间不存在劳动合同关系，不能与被派遣劳动者约定试用期。

7. 被派遣劳动者的工作年限如何计算？

根据《劳动合同法实施条例》的规定，劳动者非因本人原因从原用人单位被安排到新用人单位工作的，劳动者在原用人单位的工作年限合并计算为新用人单位的工作年限。原用人单位已经向劳动者支付经济补偿的，新用人单位在依法解除、终止劳动合同计算支付经济补偿的工作年限时，不再计算劳动者在原用人单位的工作年限。

8. 被派遣农民工怎样解除劳动合同？

被派遣劳动者提前 30 日以书面形式通知劳务派遣单位，可以解除劳动合同。被派遣劳动者在试用期内提前 3 日通知劳务派遣单位，可以解除劳动合同。劳务派遣单位应当将被派遣劳动者通知解除劳动合同的情况及时告知用工单位。

9. 劳务派遣单位不再继续经营的，被派遣农民工该怎么办？

劳务派遣单位被依法宣告破产、吊销营业执照、责令关闭、撤销、决定提前解散或者经营期限届满不再继续经营的，劳动合同终止。用工单位应当与劳务派遣单位协商妥善安置被派遣劳动者。

10. 什么是非全日制用工？

根据《劳动合同法》的规定，非全日制用工是指以小时计酬为主，劳动者在同一用人单位一般平均每日工作时间不超过 4 小时，每周工作时间累计不超过 24 小时的用工形式。非全日制用工可以由双方当事人通过口头协议的方式订立。

11. 非全日制用工的劳动者享有哪些特殊的权利?

与全日制用工相比，非全日制用工的劳动者享有以下特殊的劳动权利：

（1）可以与一个或者一个以上用人单位订立劳动合同，但是后订立的劳动合同不得影响先订立的劳动合同的履行；

（2）不得约定试用期；

（3）可以随时通知用人单位终止用工，但是不能要求用人单位支付经济补偿；

（4）小时计酬标准不得低于用人单位所在地人民政府规定的最低小时工资标准；

（5）非全日制用工劳动报酬结算支付周期最长不得超过 15 日。

二、工时休假有规定 工资拖欠法不允

特别提示

关于工资工时的主要法律法规

※ 中华人民共和国劳动法（2009. 8. 27 修正）

※ 全国年节及纪念日放假办法（2013. 12. 11 修订）

※ 劳动和社会保障部关于职工全年月平均工作时间和工资折算问题的通知（2008. 1. 3）

※ 职工带薪年休假条例（2007. 12. 14）

※ 企业职工带薪年休假实施办法（2008. 9. 18）

※ 最低工资规定（2004. 1. 20）

※ 工资支付暂行规定（1994. 12. 6）

※ 关于工资总额组成的规定（1990. 1. 1）

（一） 工作时间

1. 我国的工作时间制度是如何规定的?

根据《劳动法》和《国务院关于职工工作时间的规定》，职工每日工作 8 小时、每周工作 40 小时，用人单位应当保证劳动者每周至少休息一日。这是我国运用最为广泛的标准工时制度。

除此之外，企业部分岗位因生产特点或工作性质不能实行标准工时制度的，经企业申请、劳动保障行政部门批准，可以实行不定时工作制或综合计算工时工作制。

特别提示

不定时工作制是指每一工作日没有固定的上下班时间限制的工作时间制度。综合计算工时工作制是指因工作性质特殊或受季节及自然条件限制，需在一段时间内连续作业，采取以周、月、季、年等为周期综合计算工作时间的一种工时制度。

2. 劳动者能否被要求加班，法律有何限制性规定？

根据《劳动法》第四十一条规定，用人单位由于生产经营需要，经与工会和劳动者协商后可以延长工作时间，一般每日不得超过 1 小时；因特殊原因需要延长工作时间的，在保障劳动者身体健康的条件下延长工作时间每日不得超过 3 小时，但是每月不得超过 36 小时。

用人单位不得违反规定延长劳动者的工作时间。

3. 用人单位应当怎样支付劳动者加班加点的工资报酬？

根据《劳动法》的规定，有下列情形之一的，用人单位应当按照下列标准支付高于劳动者正常工作时间工资的工资报酬：

（1）安排劳动者延长工作时间的，支付不低于工资的 150% 的工资报酬；

（2）休息日安排劳动者工作又不能安排补休的，支付不低于工资的 200% 的工资报酬；

（3）法定节假日安排劳动者工作的，支付不低于工资的 300% 的工资报酬。

4. 用人单位违反工时制度的，劳动者怎么办?

根据《劳动保障监察条例》的规定，用人单位违反劳动保障法律、法规或者规章延长劳动者工作时间的，由劳动保障行政部门给予警告，责令限期改正，并可以按照受侵害的劳动者每人100元以上500元以下的标准计算，处以罚款。

特别提示

用人单位安排加班不支付加班费的，由劳动行政部门责令限期支付劳动报酬、加班费或者经济补偿；劳动报酬低于当地最低工资标准的，应当支付其差额部分；逾期不支付的，责令用人单位按应付金额50%以上100%以下的标准向劳动者加付赔偿金。

（二） 休息休假

1. 劳动者享有哪些休息休假的权利?

劳动者享有以下休息休假的权利：

（1） 休息日：《劳动法》规定用人单位应当保证劳动者每周至少休息一日。

（2）法定节假日：《全国年节及纪念日放假办法》规定，全体公民放假的节日是元旦、春节、清明节、劳动节、端午节、中秋节和国庆节；部分公民放假的节日是妇女节、青年节、儿童节、解放军建军纪念日。

（3）带薪年休假：《职工带薪年休假条例》规定，劳动者连续工作 1 年以上的，享受带薪年休假。

除此之外，劳动者还享有探亲假、婚假、丧假、产假、哺乳假、看护假等休息休假的权利。

特别提示

当法定节假日适逢休息日时，若法定节假日是全体公民放假的应当在工作日补假，若是部分公民放假的则不补假。

2. 农民工是否享有带薪年休假的权利？

根据《职工带薪年休假条例》的规定，机关、团体、企业、事业单位、民办非企业单位、有雇工的个体工商户等单位的职工连续工作 1 年以上的，享受带薪年休假（以下简称年休假）。单位应当保证职工享受年休假。职工在年休假期间享受与正常工作期间相同的工资收入。因此，只要农民工在所在单位工作满 1 年，就可以享受带薪年休假的权利。

3. 用人单位不能安排劳动者休带薪年休假的怎么办?

用人单位确因工作需要不能安排职工休年休假的，经职工本人同意，可以不安排职工休年休假。对职工应休未休的年休假天数，单位应当按照该职工日工资收入的300%支付年休假工资报酬。

单位不安排职工休年休假又不依照规定给予年休假工资报酬的，由县级以上地方人民政府人事部门或者劳动保障部门依据职权责令限期改正；对逾期不改正的，除责令该单位支付年休假工资报酬外，单位还应当按照年休假工资报酬的数额向职工加付赔偿金；对拒不支付年休假工资报酬、赔偿金的，属于公务员和参照公务员法管理的人员所在单位的，对直接负责的主管人员以及其他直接责任人员依法给予处分；属于其他单位的，由劳动保障部门、人事部门或者职工申请人民法院强制执行。

4. 不支付加班费只给补休是否合法?

根据《劳动法》的规定，用人单位应当按照法律规定的标准支付高于劳动者正常工作时间工资的劳动报酬的情形有三种：(1) 安排劳动者延长工作时间的；(2) 休息日安排劳动者工作又不能安排补休的；(3) 法定节假日安排劳动者工作的。可见，只有在第二种情形，即在休息日安排加班的，可以通过补休的方式代替支付劳动者加班费。而其他两种情形，即延长工作时间和法定节假日安排加班的，必须按照法律

规定的标准支付劳动者加班的工资报酬。

（三）工资报酬

1. 工资总额包含哪些项目？

根据法律规定，工资总额是指各单位在一定时期内直接支付给本单位全部职工的劳动报酬总额。工资总额的计算应以直接支付给职工的全部劳动报酬为依据。

工资总额由下列六个部分组成：

（1）计时工资；

（2）计件工资；

（3）奖金；

（4）津贴和补贴；

（5）加班加点工资；

（6）特殊情况下支付的工资。

2. 什么是最低工资标准，怎样认定正常劳动？

最低工资标准，是指劳动者在法定工作时间或依法签订的劳动合同约定的工作时间内提供了正常劳动的前提下，用人单位依法应支付的最低劳动报酬。正常劳动，是指劳动者按依法签订的劳动合同约定，在法定工作时间或劳动合同约定的工作时间内从事的劳动。劳动者依法享受带薪年休假、探亲假、婚丧假、生育（产）假、节育手术假等国家规定的假期间，以及法定工作时间内依法参加社会活动期间，视为提供了正常劳动。

3. 用人单位支付给劳动者的工资在剔除哪些收入后不得低于当地最低工资标准？

在劳动者提供正常劳动的情况下，用人单位应支付给劳动者的工资在剔除下列各项以后，不得低于当地最低工资标准：

（1）延长工作时间工资；

（2）中班、夜班、高温、低温、井下、有毒有害等特殊工作环境、条件下的津贴；

（3）法律、法规和国家规定的劳动者福利待遇等。

实行计件工资或提成工资等工资形式的用人单位，在科学合理的劳动定额基础上，其支付劳动者的工资不得低于相应的最低工资标准。

特别提示

劳动者由于本人原因造成在法定工作时间内或依法签订的劳动合同约定的工作时间内未提供正常劳动的，不适用上述规定。

4. 劳动者的工资应当怎样支付?

根据《劳动法》的规定，工资应当以货币形式按月支付给劳动者本人。不得克扣或者无故拖欠劳动者的工资。

劳动者在法定休假日和婚丧假期间以及依法参加社会活动期间，用人单位应当依法支付工资。

5. 劳务派遣中被派遣农民工的工资由谁支付?

根据《劳动合同法》的规定。劳务派遣单位应当按月向劳动者支付劳动报酬。具体可以分为以下几种情况：

（1）在正常情况下，被派遣劳动者的劳动报酬由用工单位承担并按照劳务派遣协议支付给劳务派遣单位，由劳务派遣单位支付给劳动者。劳务派遣单位不得克扣用工单位按照劳务派遣协议支付给被派遣劳动者的劳动报酬。

（2）被派遣劳动者无工作期间，其劳动报酬由劳务派遣单位直接承担。劳务派遣单位应当按照所在地人民政府规定的最低工资标准，向劳动者按月支付报酬。

（3）被派遣劳动者的加班费、绩效奖金以及与岗位相关的福利待遇，则由用工单位直接支付和提供。

（4）被跨地区派遣的劳动者，其劳动报酬按用工单位所在地的标准执行。

6. 非全日制用工的工资如何支付？

《关于非全日制用工若干问题的意见》规定，用人单位应当按时足额支付非全日制劳动者的工资。用人单位支付非全日制劳动者的小时工资不得低于当地政府颁布的小时最低工资标准。

非全日制用工的工资支付可以按小时、日、周或月为单位结算。

7. 用人单位侵害劳动者工资报酬的应怎样处罚？

根据《劳动合同法》的规定，用人单位有下列情形之一的，由劳动行政部门责令限期支付劳动报酬、加班费或者经济补偿；劳动报酬低于当地最低工资标准的，应当支付其差额部分；逾期不支付的，责令用人单位按应付金50%以上100%以下的标准向劳动者加付赔偿金：

（1）未按照劳动合同的约定或者国家规定及时足额支付劳动者劳动报酬的；

(2) 低于当地最低工资标准支付劳动者工资的；

(3) 安排加班不支付加班费的；

(4) 解除或者终止劳动合同，未依照本法规定向劳动者支付经济补偿的。

(四) 建设领域农民工工资支付

1. 建设领域农民工工资的支付有什么特殊规定?

为规范建设领域农民工工资支付行为，预防和解决建筑业企业拖欠或克扣农民工工资问题，劳动和社会保障部、建设部2004年下发了《建设领域农民工工资支付管理暂行办法》，对建设领域农民工的工资支付问题作了具体规定。该办法适用于在中华人民共和国境内的建筑业企业和与之形成劳动关系的农民工。该办法所指建筑业企业，是指从事土木工程、建筑工程、线路管道设备安装工程、装修工程的新建、扩建、改建活动的企业。

2. 建筑企业的内部工资支付办法是怎么回事?

根据《建设领域农民工工资支付管理暂行办法》的规定，企业应依法通过集体协商或其他民主协商形式制定内部工资支付办法，并告知本企业全体农民工，同时抄报当地劳动和社会保障行政部门与建设行政主管部门。

特别提示

企业内部工资支付办法应包括以下内容：支付项目、支付标准、支付方式、支付周期和日期、加班工资计算基数、特殊情况下的工资支付以及其他工资支付内容。

3. 建筑企业应当怎样支付农民工的工资？

根据《建设领域农民工工资支付管理暂行办法》的规定，企业必须严格按照《劳动法》、《工资支付暂行规定》和《最低工资规定》等有关规定支付农民工工资，不得拖欠或克扣。企业应当根据劳动合同约定的农民工工资标准等内容，按照依法签订的集体合同或劳动合同约定的日期按月支付工资，并不得低于当地最低工资标准。具体支付方式可由企业结合建筑行业特点在内部工资支付办法中规定。

企业支付农民工工资应编制工资支付表，如实记录支付单位、支付时间、支付对象、支付数额等工资支付情况，并保存两年以上备查。

> **特别提示**
>
> 企业应将工资直接发放给农民工本人，严禁发放给“包工头”或其他不具备用工主体资格的组织和个人。企业可委托银行发放农民工工资。

4. 建筑承包企业之间应怎样支付农民工的工资？

根据《建设领域农民工工资支付管理暂行办法》的规定，工程总承包企业应对劳务分包企业工资支付进行监督，督促其依法

支付农民工工资。业主或工程总承包企业未按合同约定与建设工程承包企业结清工程款，致使建设工程承包企业拖欠农民工工资的，由业主或工程总承包企业先行垫付农民工被拖欠的工资，先行垫付的工资数额以未结清的工程款为限。

企业因被拖欠工程款导致拖欠农民工工资的，企业追回的被拖欠工程款，应优先用于支付拖欠的农民工工资。工程总承包企业不得将工程违反规定发包、分包给不具备用工主体资格的组织或个人，否则应承担清偿拖欠工资连带责任。

5. 对农民工工资受侵害的哪些行为有权进行举报?

根据《建设领域农民工工资支付管理暂行办法》的规定，农民工发现企业有下列情形之一的，有权向劳动和社会保障行政部门举报：

（1）未按照约定支付工资的；

（2）支付工资低于当地最低工资标准的；

（3）拖欠或克扣工资的；

（4）不支付加班工资的；

（5）侵害工资报酬权益的其他行为。

各级劳动和社会保障行政部门依法对企业支付农民工工资情况进行监察，对违法行为进行处理。企业在接受监察时应当如实报告情况，提供必要的资料和证明。

6. 农民工与企业因工资支付发生争议时怎么办?

根据《建设领域农民工工资支付管理暂行办法》的规定，农民工与企业因工资支付发生争议的，按照国家劳动争议处理有关规定处理。对事实清楚、不及时裁决会导致农民工生活困难的工资争议案件，以及涉及农民工工伤、患病期间工资待遇的争议案件，劳动争议仲裁委员会可部分裁决；企业不执行部分裁决的，当事人可依法向人民法院申请强制执行。

（五）解决农民工工资拖欠的法律依据

1. 解决拖欠农民工工资的措施有哪些?

国务院办公厅2003年《关于切实解决建设领域拖欠工程款问题的通知》中规定，各地要认真贯彻执行《国务院办公厅关于做好农民进城务工就业管理和服务工作的通知》（国办发〔2003〕1号），加强监察执法，严厉打击以各种名目拖欠、克扣农民工工资的违法违规行为，帮助农民工追讨工资。

（1）要对农民工集中的建筑业企业、在建工地进行逐一排查，检查用人单位支付农民工工资情况和与农民工签订劳动合同情况。

（2）对有拖欠和克扣行为的企业，责令其立即补发；不能立即补发的，要制订清欠计划，限期补发。

（3）凡因工程项目业主拖欠建筑业企业工程款，致使建筑业企业不能按时发放农民工和工人工资的，要严肃追究业主的责任，责令其限期付清工程款，并向社会公布。

（4）已获得工程款的建筑业企业，要优先偿付拖欠农民工和工人工资。

（5）对恶意拖欠、克扣农民工和工人工资的建筑业企业，要严格按照国家有关规定进行处罚，通过媒体予以曝光，并追究有关责任人的责任；涉嫌犯罪的，移交司法机关依法处理。

2014年出台的《国务院关于进一步做好为农民工服务工作的

意见》规定，在建设领域和其他容易发生欠薪的行业推行工资保证金制度，在有条件的市县探索建立健全欠薪应急周转金制度，完善并落实工程总承包企业对所承包工程的农民工工资支付全面负责制度、劳动保障监察执法与刑事司法联动治理恶意欠薪制度、解决欠薪问题地方政府负总责制度，推广实名制工资支付银行卡。

2. 对于农民工工资的支付，承包企业与分包企业如何承担责任？

《关于进一步解决建设领域拖欠工程款问题意见的通知》规定，按照谁承包、谁负责的原则，总承包企业对所承包工程的农民工工资支付全面负责，分包企业对分包工程的农民工工资支付直接负责。总承包企业负责对分包企业劳动用工、工资发放情况进行日常动态监督，采取有效措施，确保农民工工资按时足额发放。总承包企业因转包、违法分包工程造成拖欠农民工工资的，由总承包企业承担全部责任。同时，地方各级人民政府要采取有效措施，加强支付农民工工资保障制度建设，防止因建设单位拖欠施工企业的工程款，造成拖欠农民工工资问题。

要严格执行《建设领域农民工工资支付管理暂行办法》，按照依法签订的集体合同或劳动合同约定的日期，按月支付农民工工资，并不得低于当地最低工资标准。地方各级劳动保障部门要会同建设等行政管理部门建立和完善工资支付的监控制度。

3. 怎样加大对拖欠农民工工资行为的处罚力度？

《关于进一步解决建设领域拖欠工程款问题意见的通知》规定，对拒不配合清欠工作或采取各种形式逃避还款责任的建设单位，建设行政管理部门要向社会公布，并联合工商行政管理部门加强监管，防止其采用异地注册新企业等方式逃避还款责任。地方各级发展改革（计划）、规划、建设、房地产等行政管理部门依法采取不予审批新建项目，不办理规划、施工许可，降低或取

消企业资质等行政措施，加大处罚力度，督促其履行还款责任。对恶意拖欠造成严重后果的，要依法追究责任。

监察机关要加大监督力度，对不能认真贯彻落实党中央、国务院有关政策规定，贻误清欠工作，以及不认真履行监督职责的，要严肃追究有关领导和责任人员的责任。

4. 劳动保障、建设部门在解决拖欠农民工工资问题上的工作职责是什么？

《关于进一步解决拖欠农民工工资问题的通知》规定，劳动保障、建设部门在各自职责范围内承担以下工作任务：

各级劳动保障行政部门负责牵头解决拖欠农民工工资工作，会同有关部门制订相关工作计划和政策措施，会同有关部门对农民工工资支付进行监督管理，建立预防和解决拖欠农民工工资的机制和制度，通过劳动保障监察执法，纠正和处理拖欠农民工工资的违法行为。

各级建设行政主管部门负责进一步规范建

筑市场秩序，采取有效措施杜绝建设工程非法转包、分包现象，大力发展劳务分包企业，建立有序流动的劳务输入输出制度，严格执行建筑业企业市场准入和清出制度，继续完善企业资质管理办法，督促建筑企业严格执行《建设领域农民工工资支付管理暂行办法》的有关规定，继续做好建设领域清理拖欠工程款工作，建立预防拖欠农民工工资的长效机制。

5. 司法部门在解决拖欠农民工工资问题上的工作职责是什么?

《关于进一步解决拖欠农民工工资问题的通知》规定，司法部门在各自职责范围内承担以下工作任务：

各级监察机关按照《行政监察法》等法律法规的规定，对不认真执行国家有关清欠政策，不认真履行职责造成严重后果的有关行政机关及其工作人员，严肃追究责任。

各级司法行政部门支持、引导法律服务和法律援助机构，为解决拖欠农民工工资问题提供及时有效的法律服务和法律援助。负责推行法律援助制度，为符合法律援助条件的农民工提供法律援助，依法帮助农民工解决拖欠工资问题。配合劳动保障部门指导、督促拖欠农民工工资的用人单位与农民工签订还款协议，并由公证机关依法赋予强制执行效力，建立完善、便捷、高效的维权机制。

各级公安部门负责协助劳动保障部门严厉查处拖欠农民工工资以及欠薪逃匿的违法行为，及时处理因拖欠工资引发的危害社会治安的行为。

6. 其他相关部门在解决拖欠农民工工资问题上的工作职责是什么?

《关于进一步解决拖欠农民工工资问题的通知》规定，其他相关部门在各自职责范围内承担以下工作任务：

人民银行、银监会各分支机构负责督促商业银行积极配合政府有关部门探索建立工资预留账户等制度，不断改善金融服务。

各级工商行政管理部门负责配合劳动保障部门做好对私营企业主的宣传教育工作，加强用人单位诚信制度建设。

各级工会负责指导、帮助企业建立和完善工会组织，逐步提高工会组织为劳动者维权的能力。指导农民工与企业签订劳动合同，组织职工开展集体协商签订集体合同，加强对劳动合同、集体合同履行情况的监督。

7. 怎样严厉打击恶意拖欠、克扣农民工工资的违法行为？

《建设部关于贯彻〈国务院办公厅关于做好农民进城务工就业管理和服务工作的通知〉的通知》规定，对故意拖欠和克扣农民工工资的施工企业，要追究主要负责人的责任，并记入企业信用档案。对拖欠和克扣农民工工资数额较大、性质恶劣、造成严重后果的单位，除按《劳动法》等有关规定进行处罚外，还要在新闻媒体上曝光，涉嫌犯罪的，移交司法机关严肃处理。

对因建设单位拖欠施工企业工程款导致拖欠农民工工资的，施工企业要列出拖欠工程款清单，与建设单位协商，清理、偿还工程欠款，对协商后仍继续拖欠的，要依据《合同法》第二百八十六条的规定进行诉讼。建设行政主管部门要会同有关部门追究建设单位责任，并在新闻媒体上曝光。

《刑法修正案（八）》新增了拒不支付劳动报酬罪，对以转移财产、逃匿等方法逃避支付劳动者的劳动报酬或者有能力支付而不支付劳动者的劳动报酬，数额较大，经政府有关部门责令支付仍不支付的，处3年以下有期徒刑或者拘役，并处或者单处罚金；造成严重后果的，处3年以上7年以下有期徒刑，并处罚金。单位犯前款罪的，对单位判处罚金，并对其直接负责的主管人员和其他直接责任人员，依照前款的规定处罚。有前两款行为，尚未造成严重后果，在提起公诉前支付劳动者的劳动报酬，并依法承担相应赔偿责任的，可以减轻或者免除处罚。

8. 人民法院如何解决建设领域拖欠工程款和农民工工资案件的？

2004年12月21日《最高人民法院关于集中清理拖欠工程款和农民工工资案件的紧急通知》中规定，各级人民法院应当充分借助各级人民政府为解决拖欠工程款和农民工工资问题所建立的工作机制，及时与当地政府及有关部门进行沟通、协调，并将人民法院受理的建设领域拖欠工程款和农民工工资的执行案件通报给相关的人民政府和部门，争取政府和有关部门的协助、支持和配合，使这类案件得到更加及时、有效的执行。

对于地方政府投资

项目需转由地方各级政府负责清理和协助执行的拖欠工程款和农民工工资执行案件，各级人民法院要尽快制定适合本辖区实际情况的工作方案，统一组织实施，并将转由地方各级政府负责清理和协助执行的案件列表通报给省级人民政府。

在清理拖欠工程款和农民工工资案件的过程中，对于依法提起诉讼的案件，人民法院应当尽快立案，尽快审结；依法申请人民法院强制执行的，人民法院应当及时办理，尽快执结；需要转由地方人民政府负责清理和协助执行的，应按照本通知第三条的要求处理。

凡转由各级人民政府负责清理和协助执行或解决的案件，执行法院应当及时书面通知执行当事人，并定期向相关人民政府和部门了解清偿进展情况，及时协调这类案件在清偿过程中遇到的困难和问题，确保清偿工作落到实处。必要时，执行法院应当依职权直接予以执行。

在集中执行拖欠工程款和农民工工资案件的过程中，对于有履行能力而拒不履行、恶意拖欠工程款和农民工工资的有关单位和个人，应当依法给予制裁。必要时，可以借助新闻媒体的舆论监督作用，在媒体上公布债务人名单。

对于转由地方各级人民政府负责清理和协助执行的拖欠工程款和农民工工资执行案件，地方政府在规定的期限内未予清理和协助执行的，执行法院应当及时将有关情况层报省级高级人民法院。省级高级人民法院应当及时将有关情况反馈给省级人民政府。

三、参加社保有保障 工伤保险解忧愁

特别提示

关于社会保险的主要法律法规

※ 中华人民共和国社会保险法（2010.10.28）

※ 中华人民共和国职业病防治法（2011.12.31 修正）

※ 工伤保险条例（2010.12.20 修订）

※ 工伤认定办法（2010.12.31 修订）

※ 人力资源社会保障部关于执行《工伤保险条例》若干问题的意见（2013.4.25）

※ 最高人民法院关于审理工伤保险行政案件若干问题的规定（2014.6.18）

※ 因工死亡职工供养亲属范围规定（2003.9.23）

※ 非法用工单位伤亡人员一次性赔偿办法（2010.12.31 修订）

※ 失业保险条例（1999.1.22）

※ 企业职工生育保险试行办法（1994.12.14）

※ 社会救助暂行办法（2014.2.21）

（一）基本养老保险

1. 劳动者享有哪些社会保险？

社会保险是社会保障制度的一个最重要的组成部分。它是一种为丧失劳动力、暂时失去劳动岗位或因健康原因造成损失的人口提供收入或补偿的一种社会和经济制度。

劳动者只要入职用人单位，用人单位就应当为其缴纳基本养老保险、基本医疗保险、失业保险、工伤保险和生育保险，这些都是社会保险，用以保障劳动者在年老、患病、工伤、失业、生育以及死亡等原因暂时或者永久失去生活来源时给予一定物质帮助的权利。

特别提示

根据《劳动法》第七十三条规定，劳动者在下列情形下，依法享受社会保险待遇：（1）退休；（2）患病、负伤；（3）因工伤残或者患职业病；（4）失业；（5）生育。

《社会保险法》规定："国家建立基本养老保险、基本医疗保险、工伤保险、失业保险、生育保险等社会保险制度，保障公民在年老、疾病、工伤、失业、生育等情况下依法从国家和社会获得物质帮助的权利。"

2. 什么是基本养老保险，哪些人能参加基本养老保险？

基本养老保险亦称国家基本养老保险，是国家根据法律、法规的规定，强制建立和实施的一种社会保险制度。在这一制度下，用人单位和劳动者必须依法缴纳养老保险费，在劳动者达到国家规定的退休年龄或因其他原因而退出劳动岗位后，社会保险经办机构依法向其支付养老金等待遇，从而保障其基本生活。它是按国家统一政策规定强制实施的为保障广大离退休人员基本生活需要的一种养老保险制度。

基本养老保险是一个大体系。在这个体系中，针对不同参保群体，设计了不同的保险制度。概括地讲，分为以下三类。

（1）保障城镇职工。我国城镇职工养老保险开始于20世纪50年代，发展至90年代初具雏形，此后经国务院一系列制度改革得以完善。在2010年颁布的《社会保险法》中，职工养老保险制度的基本框架正式确立。

（2）保障农村居民。我国农村居民养老保险自1991年开始推行，2003年后调整为新型农村社会养老保险，2009年开始试行。目前，新农保制度已覆盖我国所有县级行政区。

（3）保障城镇居民。我国城镇居民养老保险制度建设起步较晚，2006年提出建立，2010年提出开展试点，2011年在全国试行。目前，城居保制度也已实现全覆盖。

3. 农民工能否参加基本养老保险，有何政策规定？

农民工是城镇职工基本养老保险制度的重点保障对象，当然有权参保，不受任何差别对待。《社会保险法》明确规定，进城务工的农村居民依照本法规定参加社会保险。这就明确了农民工的参加城镇基本养老保险制度的权利。农民工只要能在用人单位就业，工作相对稳定，用人单位就应当为其办理参保手续，缴纳保险费用。

在 2014 年新出台的《国务院关于进一步做好为农民工服务工作的意见》中规定，依法将与用人单位建立稳定劳动关系的农民工纳入城镇职工基本养老保险和基本医疗保险，研究完善灵活就业农民工参加基本养老保险政策，灵活就业农民工可以参加当地城镇居民基本医疗保险。

特别提示

一直以来，社会各界都高度重视农民工参保难问题，并努力采取各种办法推动解决。为让农民工参保更加方便，缴费更自由，从而最大限度地享受国家惠民政策，分享经济发展成果，国家在参保缴费资格、保险关系转移接续、养老金领取方面尽可能放宽，使农民工无论进城还是返乡，都能实现养老权益最大化。

4. 农民工怎样办理参保手续?

凡是与企业建立固定劳动关系的进城务工人员参加城镇职工基本养老保险，不用自己办理参保手续，而交由用人单位统一办理。

用人单位办理参保手续分两步走。首先到所在地的社保机构办理参保登记。登记期限是单位成立之日起 30 日内或用工之日起 30 日内，应当提交的材料包括社会保险登记表、营业执照、组织机构统一代码证书等证件和材料，其中，在登记表中要准确填写单位名称、住所、经营地点、单位类型、法定代表人或者负责人、组织机构统一代码、主管部门、隶属关系和用于划缴保险费的开户银行账号等事项。参保登记完成后，用人单位应当按月如实计算应缴保费数额，并向社会保险经办机构申报。数额经社保机构核准后，作为缴纳保费依据。

5. 个人应缴纳多少保费?

个人应缴保费数额不是固定的，而要以本人工资为依据按照一定比例计算得出。计算公式是个人缴费基数乘以个人缴费比例。按照现行规定，个人缴费基数是指上一年度职工本人月平均工资或上月工资，个人缴费比例是8%。因此，职工个人每月应缴保费数额相当于本人月收入的8%。以职工月收入3000元为例，则应缴保费数额为240元左右。

6. 用人单位拒缴保费的，该怎么办?

用人单位应按时足额缴纳保费，否则属于违法。如果发现用人单位无故拒缴保费的，可向社保机构、人社部门、财政部门和审计机关等单位举报和投诉，由上述部门依法处理或移交有权处理部门处理。

也可以向工会组织、行业协会、新闻媒体等反映情况，由这些组织出面督促用人单位依法缴费。如用人单位认为其不缴保费有正当理由，而职工不认同该理由，双方就此发生争议的，可采取申请调解、仲裁和提起诉讼的方式处理争议。职工申请调解的，可到用人单位内设的劳动争议调解委员会或当地人民调解委员会请求协调处理。职工也可以不申请调解，直接向当地劳动争议仲裁委员会提出仲裁申请，由仲裁庭对争议进行裁决。职工对仲裁裁决不服的，可以自收到仲裁裁决书之日起15日内向人民法院提起诉讼。

7. 符合什么条件才能领取基本养老金?

我国法律规定，参加基本养老保险的个人，在达到条件时可按月领取基本养老金。一般来说，法定条件有三个：一是达到法定退休年龄，并已办理退休手续；二是已参加养老保险并缴纳保险费；三是缴费（含视同缴费）至少满 15 年。

目前，法定退休年龄可分为两类：（1）正常退休年龄。男年满 60 岁；女干部（即从事管理和科研工作的女职工）、女性自由职业者和女性个体工商户年满 55 岁，其他女职工年满 50 岁。（2）提前退休年龄。参保人有下列情形的，可申请提前退休：一是从事高空和特别繁重体力劳动的必须在该工种岗位上工作累计满 10 年，从事井下和高温工作的必须在该工种岗位上工作累计满 9 年，从事其他有害身体健康工作的必须在该工种岗位上工作累计满 8 年；二是因工致残，或连续工龄满 10 年的 50 岁以上的男性和 45 岁以上的女性，经医院证明和劳动鉴定委员会确认完全丧失劳动能力的。

8. 劳务派遣中被派遣农民工的社会保险由谁缴纳?

由哪一方为被派遣劳动者缴纳社会保险应由劳务派遣单位和用工单位协商并在劳务派遣协议中明确。

对于劳务派遣单位跨地区派遣劳动者的，《劳务派遣暂行规定》中明确，应当在用工单位所在地为被派遣劳动者参加社会保险，按照用工单位所在地的规定缴纳社会保险费。劳务派遣单位在用工单位所在地设立分支机构的，由分支机构为被派遣劳动者办理参保手续，缴纳社会保险费。劳务派遣单位未在用工单位所在地设立分支机构的，由用工单位代劳务派遣单位为被派遣劳动者办理参保手续，缴纳社会保险费。

9. 从事非全日制用工的劳动者如何办理基本养老保险?

《劳动保障部关于非全日制用工若干问题的意见》规定，从事非全日制工作的劳动者应当参加基本养老保险，原则上参照个体工商户的参保办法执行。对于已参加过基本养老保险和建立个人账户的人员，前后缴费年限合并计算，跨统筹地区转移的，应办理基本养老保险和建立个人账户的转移、接续手续。符合退休条件时，按照国家规定计发基本养老金。

（二） 基本医疗保险

1. 什么叫基本医疗保险，哪些人能参加基本医疗保险?

基本医疗保险是我国社会保障体系的重要组成部分，它是为补偿劳动者因疾病风险造成的经济损失而建立的一项社会保险制度，其中包括城镇职工基本医疗保险、城镇居民基本医疗保险和新型农村合作医疗等。

（1）城镇职工基本医疗保险覆盖的是城镇居民中的就业者，由职工个人和企业共同缴费，城镇中的个体工商户和自由职业者也可以参加城镇职工基本医疗保险，但保险费要由个人全部承担。

（2）城镇居民基本医疗保险覆盖的是城镇居民中的未就业

者，规定个人自愿参加，城镇居民基本医疗保险由个人缴费，各级政府给予补助。

（3）新型农村合作医疗覆盖的是农村居民，无论其就业状态如何都可以参加，这项制度也规定个人自愿参加，新型农村合作医疗由个人缴费，各级政府给予补助。

（4）城乡医疗救助制度覆盖的是城乡居民中的困难群体，可以在参加医疗保障制度和看病就医方面给予他们经济上的帮助。以上 4 项制度是目前国家医疗保障制度的主体，全国许多地方都已经建立了这些制度。

2. 农民工参加基本医疗保险是怎样规定的？

根据国家法律规定，与用人单位形成劳动关系的农村进城务工人员有权参加医疗保险。各地在具体实施中，要根据农村进城务工人员的特点和医疗需求，合理确定缴费率和保障方式，解决他们在务工期间的大病医疗保障问题，用人单位要按规定为其缴纳医疗保险费。对在城镇从事个体经营等灵活就业的农村进城务工人员，可以按照灵活就业人员参保的有关规定参加医疗保险。据此，在已经将农民工纳入医疗保险范围的地区，农民工应当参加医疗保险，用人单位和农民工本人应依法缴纳医疗保险费，农民工患病时，可以按照规定享受有关医疗保险待遇。但是，各地的具体规定不一，这里提供北京市的规定供参考，根据 2004 年实施的《北京市外地农民工参加基本医疗保险暂行办法》规定：

（1）覆盖范围。适用于本市城镇所有用人单位，包括企业、机关、事业单位、社会团体、民办非企业单位（以下简称用人单位）和与之形成劳动关系的外地农民工；本办法所称外地农民工，是指在国家规定的劳动年龄内，具有外省市农业户口，有劳动能力并与本市城镇用人单位形成劳动关系的人员；用人单位招用外地农民工，应当到所在区、县的社会保险经办机构为其办理参加基本医疗保险手续。

（2）缴费办法。外地农民工参加本市基本医疗保险，由用人单位缴纳基本医疗保险费，外地农民工个人不缴费。用人单位以上一年本市职工月平均工资60%为基数、按2%的比例按月缴纳基本医疗保险费，其中1.8%划入基本医疗保险统筹基金，0.2%划入大额医疗互助资金。按本办法缴费，外地农民工不建个人账户，不计缴费年限，缴费当期享受相关待遇。

（3）支付范围。按本办法参加基本医疗保险，符合本市基本医疗保险药品目录、诊疗项目目录以及服务设施范围和支付标准的下列医疗费用，纳入基本医疗保险统筹基金和大额医疗互助资金支付范围：住院治疗的医疗费用；急诊抢救留观并收入住院治疗的，其住院前留观，7日内的医疗费用；恶性肿瘤放射治疗和化学治疗、肾透析、肾移植后服抗排异药的门诊医疗费用。

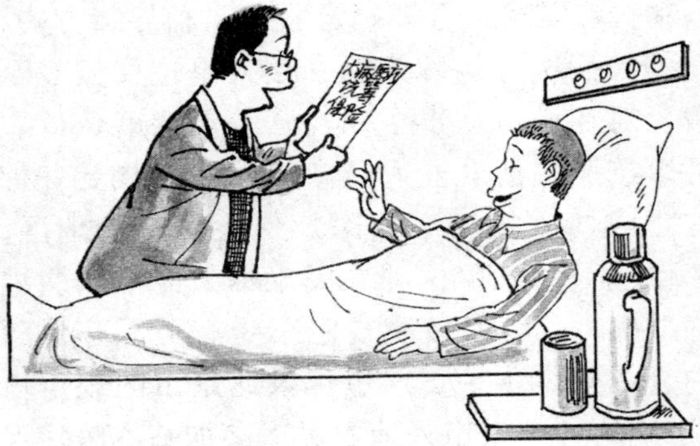

3. 个人怎样缴费？

第一，各统筹地区要确定一个适合当地职工负担水平的个人基本医疗保险缴费率，一般为工资收入的2%。

第二，由个人以本人工资收入为基数，按规定的当地个人缴费率缴纳基本医疗保险费。个人缴费基数应按国家统计局规定的工资收入统计口径为基数，即以全部工资性收入，包括各类奖金、劳动收入和实物收入等所有工资性收入为基数，乘以规定的个人缴费率，即为本人应缴纳的基本医疗保险费。

第三，个人缴费一般不需个人到社会保险经办机构去缴纳，而是由单位从工资中代扣代缴。

4. 单位不参保，应该怎么办？

医疗保险涉及每个职工的切身利益，但企业在经营活动中不给职工办医疗保险的现象屡见不鲜。为什么会存在这种现象呢？一方面，企业法制意识不强，企图以此降低用工成本，另一方面是职工维权意识不强，许多人认为只有缴纳了医疗保险费，才能享受医保待遇。

无论是国家机关、事业单位，还是企业或个体经济组织，均负有缴纳基本医疗保险费的义务。如果遇到用人单位不缴纳医疗保险费的情况，职工可以采取以下的方法：

（1）可以和用人单位协商解决。如果职工遇到了用人单位不参保的情况，可以和用人单位进行协商，因为缴纳基本医疗保险费是单位应尽的义务，如果用人单位未为员工缴医保，员工发生的医疗费用应该由该用人单位“买单”。

（2）可以向劳动保障行政部门投诉。由劳动保障行政部门或者税务机关责令用人单位限期缴纳；逾期仍不缴纳的，除补缴欠缴数额外，从欠缴之日起，按日加收2‰的滞纳金。滞纳金并入社会保险基金。缴费单位逾期拒不缴纳医疗保险费、滞纳金的，由劳动保障行政部门或者税务机关申请人民法院依法强制征缴。

（3）可以向劳动争议仲裁委员会提起劳动仲裁，或者向人民法院提起民事诉讼。按照现有法律、法规，医疗保险不能通过事后补缴保险费而享受保险待遇。如果用人单位未能依法为员工缴纳医疗保险，导致员工患病后，因无法享受医疗保险待遇而遭受经济损失的，劳动争议仲裁委员会或法院原则上将判令用人单位赔偿员工所遭受的损失，即判令用人单位按当地医疗保险待遇标准，赔偿员工损失。

5. 新型农村合作医疗是什么，农民工的原有农村合作医疗怎么办？

新型农村合作医疗制度，简称“新农合”，是由政府组织、引导、支持，农民自愿参加，个人、集体和政府多方筹资，以大病医疗统筹为主要内容的农民医疗互助共济制度。新型农村合作医疗原则上适用于具有农业户口的农村居民。关于新型农村合作医疗的适用对象，全国没有统一规定，各地根据自己的情况制定。

城乡各类流动就业人员按照现行规定相应参加城镇职工基本医疗保险、城镇居民基本医疗保险或新型农村合作医疗，不得同时参加和重复享受待遇。各地不得以户籍等原因设置参加障碍。

农村户籍人员在城镇单位就业并有稳定劳动关系的，由用人单位按照《社会保险登记管理暂行办法》的规定办理登记手续，参加就业地城镇职工基本医疗保险。其他流动就业的，可

自愿选择参加户籍所在地新型农村合作医疗或就业地城镇基本医疗保险，并按照有关规定到户籍所在地新型农村合作医疗经办机构或就业地社会（医疗）保险经办机构办理登记手续。

新型农村合作医疗参合人员参加城镇基本医疗保险后，由就业地社会（医疗）保险经办机构通知户籍所在地新型农村合作医疗经办机构办理转移手续，按当地规定退出新型农村合作医疗，不再享受新型农村合作医疗待遇。

由于劳动关系终止或其他原因中止城镇基本医疗保险关系的农村户籍人员，可凭就业地社会（医疗）保险经办机构出具的参保凭证，向户籍所在地新型农村合作医疗经办机构申请，按当地规定参加新型农村合作医疗。

6. 非全日制劳动者可以加入职工基本医疗保险吗?

无雇工的个体工商户、未在用人单位参加职工基本医疗保险的非全日制从业人员以及其他灵活就业人员，可以参加职工基本医疗保险，由个人按照国家规定缴纳基本医疗保险费，并按照待遇水平与缴费水平相挂钩的原则，享受相应的基本医疗保险待遇。

7. 从事非全日制工作的劳动者如何办理基本医疗保险?

《劳动保障部关于非全日制用工若干问题的意见》规定，从事非全日制工作的劳动者可以以个人身份参加基本医疗保险，并按照待遇水平与缴费水平相挂钩的原则，享受相应的基本医疗保险待遇。参加基本医疗保险的具体办法由各地劳动保障部门研究制定。

（三）工伤保险

1. 什么是工伤，什么是工伤保险？

工伤是职业伤害的简称，包括由工作引起并在工作过程中发生的事故伤害和劳动者遭受的职业病伤害。

工伤保险又称职业伤害保险，是指国家和社会通过立法，为在生产、工作或在规定的某些特殊情况下遭受意外事故伤害或职业病伤害的劳动者，提供医疗服务、生活保障、经济补偿、职业康复；为因受上述职业伤害而死亡的劳动者其供养亲属提供遗属抚恤等物质帮助的社会保险制度。

2. 农民工是否享有工伤保险的权利？

2010 年修订的《工伤保险条例》中规定，中华人民共和国境内的企业、事业单位、社会团体、民办非企业单位、基金会、律师事务所、会计师事务所等组织和有雇工的个体工商户应当依照《工伤保险条例》规定参加工伤保险，为本单位全部职工或者雇工缴纳工伤保险费。中华人民共和国境内的企业、事业单位、社会团体、民办非企业单位、基金会、律师事务所、会计师事务所等组织的职工和个体工商户的雇工，均有依照《工伤保险条例》的规定享受工伤保险待遇的权利。

《国务院关于进一步做好为农民工服务工作的意见》也提

出，要努力实现用人单位的农民工全部参加工伤保险，着力解决未参保用人单位的农民工工伤保险待遇保障问题。

特别提示

这里所称的职工，是指与用人单位存在劳动关系（包括事实劳动关系）的各种用工形式、各种用工期限的劳动者。农民工作为职工的一员，同样有依照《工伤保险条例》的规定享受工伤保险待遇的权利。

3. 劳动者个人要承担工伤保险费用吗?

工伤保险费用全部由用人单位承担，职工个人无须缴纳工伤保险费用。由用人单位缴纳的工伤保险费用是工伤保险与养老保险、医疗保险等其他社会保险的重要区别。由于劳动者在为用人单位创造经济效益的同时，还要承担着职业伤害的风险，因此，在劳动生产过程中发生的工伤、使职工遭受职业伤害时，应当由用人单位对这种职业伤害给予经济补偿。缴纳了工伤保险费用的用人单位，其工伤费用绝大部分由工伤保险基金支付；未缴纳工伤保险费用的，其工伤保险费用全部由用人单位承担。

4. 什么是职业病?

职业病是企业、事业单位和个体经济组织等用人单位的劳动者在职业活动中，因接触粉尘、放射性物质或其他有毒、有害因素而引起的疾病。

在我国，法定职业病有两个条件：（1）必须经过诊断的程序确认（确诊）的所得疾病；（2）必须是国家公布的《职业病目录》确定的疾病。劳动者所患疾病不具备这两个条件的，就不能认定为职业病。

国家规定的职业病有10大类、115种，主要包括：（1）尘肺病；（2）职业性放射性疾病；（3）职业中毒；（4）物理因素所致职业病；（5）生物因素所致职业病；（6）职业性皮肤病；（7）职业性眼病；（8）职业性耳鼻喉口腔疾病；（9）职业性肿瘤；（10）其他职业病。

5. 哪些情形应当认定为工伤?

根据《工伤保险条例》规定，职工有下列情形之一的，应当认定为工伤：

（1）在工作时间和工作场所内，因工作原因受到事故伤害的；

（2）工作时间前后在工作场所内，从事与工作有关的预备性或者收尾性工作受到事故伤害的；

（3）在工作时间和工作场所内，因履行工作职责受到暴力等意外伤害的；

（4）患职业病的；

（5）因工外出期间，由于工作原因受到伤害或者发生事故下落不明的；

（6）在上下班途中，受到非本人主要责任的交通事故或者城市轨道交通、客轮轮渡、火车事故伤害的；

（7）法律、行政法规规定应当认定为工伤的其他情形。

特别提示

《最高人民法院关于审理工伤保险行政案件若干问题的规定》中明确了四种上下班途中工伤情形：(1) 合理时间内往返于工作地与住所地、经常居住地、单位宿舍合理路线的；(2) 合理时间内往返于工作地与配偶、父母、子女居住地合理路线的；(3) 从事属日常工作生活所需活动，且在合理时间和路线的；(4) 合理时间内其他合理路线的。

6. 哪些情形可以视同工伤？

根据《工伤保险条例》规定，劳动者有下列情形之一的，视同工伤：

(1) 在工作时间和工作岗位，突发疾病死亡或者在48小时之内经抢救无效死亡的；

(2) 在抢险救灾等维护国家利益、公共利益活动中受到伤害的；

(3) 职工原在军队服役，因战、因公负伤致残，已取得革命伤残军人证，到用人单位后旧伤复发的。

职工有第 (1) 项、第 (2) 项情形的，按照《工伤保险条例》的有关规定享受工伤保险待遇；职工有第 (3) 项情形的，按照《工伤保险条例》的有关规定享受除一次性伤残补助金以外的工伤保险待遇。

7. 哪些情形不得认定为工伤?

并非在劳动场所、工作时间内的所有伤害都可以算工伤，根据《工伤保险条例》规定，职工有下列情形之一的，不得认定为工伤或者视同工伤：（1）故意犯罪的；（2）酗酒或者吸毒的；（3）自残或者自杀的。

8. 工伤认定申请应当由谁提出?

《工伤保险条例》规定，职工发生事故伤害或者按照职业病防治法规定被诊断、鉴定为职业病，所在单位应当自事故伤害发生之日或者被诊断、鉴定为职业病之日起 30 日内，向统筹地区社会保险行政部门提出工伤认定申请。遇有特殊情况，经报社会保险行政部门同意，申请时限可以适当延长。

用人单位未按规定提出工伤认定申请的，工伤职工或者其近亲属、工会组织在事故伤害发生之日或者被诊断、鉴定为职业病之日起 1 年内，可以直接向用人单位所在地统筹地区社会保险行政部门提出工伤认定申请。

9. 提出工伤认定申请应当提交哪些材料?

《工伤保险条例》规定，提出工伤认定申请应当提交下列材料：

（1）工伤认定申请表；

（2）与用人单位存在劳动关系（包括事实劳动关系）的证明材料；

（3）医疗诊断证明或者职业病诊断证明书（或者职业病诊断鉴定书）。工伤认定申请表应当包括事故发生的时间、地点、原因以及职工伤害程度等基本情况。

工伤认定申报流程

申　　请

申请人按规定向劳动行政部门提出工伤认定申请，并提供相关的材料。

受　　理

1.保险科接到申请后15日内进行审查。对符合条件的应当受理，对不属于本管辖的告知申请人。

2.申请材料不齐全的，一次性告知申请人在30日内补齐材料。

认　　定

1.经审查符合认定条件的60日内（特殊情况可以延长30日）作出工伤认定结论通知书并告知单位和个人。

2.对不能提供劳动关系或事实劳动关系证明的，告知申请人提起劳动仲裁以确定劳动关系，仲裁时间不累计在受理的规定时间内。

3.对不符合认定条件的要告知申请人。

4.对认定为工伤的发工伤证。

鉴　　定

停工留薪期满或经治疗伤情基本稳定的，申请人向劳动能力鉴定委员会提出劳动能力鉴定评定伤残等级。

工伤保险待遇

经鉴定符合享受工伤保险待遇条件的，申请人向社保中心申请待遇审核。根据核定的待遇，社保中心在规定的时间内，向工伤职工给付待遇。

工伤认定申请人提供材料不完整的，劳动保障行政部门应当一次性书面告知工伤认定申请人需要补正的全部材料。申请人按照书面告知要求补正材料后，劳动保障行政部门应当受理。

劳动保障行政部门应当自受理工伤认定申请之日起 60 日内作出工伤认定的决定，并书面通知申请工伤认定的职工或者其直系亲属和该职工所在单位。

职工或者其直系亲属认为是工伤，用人单位不认为是工伤的，由用人单位承担举证责任。

10. 什么是劳动能力鉴定？

《工伤保险条例》规定，劳动能力鉴定是指劳动能力鉴定机构对劳动者在职业活动中因工负伤或患职业病后，根据国家工伤保险法规规定，在评定伤残等级时通过医学检查对劳动功能障碍程度（伤残程度）和生活自理障碍程度作出的判定结论。劳动能力鉴定是给予受伤害职工保险待遇的基础和前提条件，也是工伤保险管理工作的重要内容。劳动功能障碍分为十个伤残等级，最重的为一级，最轻的为十级。生活自理障碍分为三个等级：生活完全不能自理、生活大部分不能自理和生活部分不能自理。

11. 怎样进行劳动能力鉴定？

《工伤保险条例》规定，劳动能力鉴定由用人单位、工伤职

工或者其近亲属向设区的市级劳动能力鉴定委员会提出申请，并提供工伤认定决定和职工工伤医疗的有关资料。

设区的市级劳动能力鉴定委员会应当自收到劳动能力鉴定申请之日起 60 日内作出劳动能力鉴定结论，必要时，作出劳动能力鉴定结论的期限可以延长 30 日。劳动能力鉴定结论应当及时送达申请鉴定的单位和个人。

申请鉴定的单位或者个人对设区的市级劳动能力鉴定委员会作出的鉴定结论不服的，可以在收到该鉴定结论之日起 15 日内向省、自治区、直辖市劳动能力鉴定委员会提出再次鉴定申请。省、自治区、直辖市劳动能力鉴定委员会作出的劳动能力鉴定结论为最终结论。

特别提示

自劳动能力鉴定结论作出之日起 1 年后，工伤职工或者其近亲属、所在单位或者经办机构认为伤残情况发生变化的，可以申请劳动能力复查鉴定。

12. 工伤医疗待遇的内容有哪些？

《工伤保险条例》规定，职工因工作遭受事故伤害或者患职业病进行治疗，享受工伤医疗待遇。职工治疗工伤应当在签订服务协议的医疗机构就医，情况紧急时可以先到就近的医疗机构急救。治疗工伤所需费用符合工伤保险诊疗项目目录、工伤保险药品目录、工伤保险住院服务标准的，从工伤保险基金中支付。

职工住院治疗工伤的伙食补助费，以及经医疗机构出具证明，报经办机构同意，工伤职工到统筹地区以外就医所需的交通、食宿费用从工伤保险基金支付，基金支付的具体标准由统筹地区人民政府规定。

工伤职工治疗非工伤引发的疾病，不享受工伤医疗待遇，按照基本医疗保险办法处理。

工伤职工到签订服务协议的医疗机构进行工伤康复的费用，符合规定的，从工伤保险基金支付。

工伤职工因日常生活或者就业需要，经劳动能力鉴定委员会确认，可以安装假肢、矫形器、假眼、假牙和配置轮椅等辅助器具，所需费用按照国家规定的标准从工伤保险基金中支付。

13. 职工工伤后的停工留薪期是怎么回事?

《工伤保险条例》规定，职工因工作遭受事故伤害或者患职业病需要暂停工作接受工伤医疗的，在停工留薪期内，原工资福利待遇不变，由所在单位按月支付。

停工留薪期一般不超过 12 个月。伤情严重或者情况特殊，经设区的市级劳动能力鉴定委员会确认，可以适当延长，但延长不得超过 12 个月。工伤职工评定伤残等级后，停发原待遇，按照有关规定享受伤残待遇。工伤职工在停工留薪期满后仍需治疗的，继续享受工伤医疗待遇。

生活不能自理的工伤职工在停工留薪期需要护理的，由所在单位负责。

14. 工伤职工的生活护理费如何支付?

《工伤保险条例》规定，工伤职工已经评定伤残等级并经劳动能力鉴定委员会确认需要生活护理的，从工伤保险基金按月支付生活护理费。生活护理费按照生活完全不能自理、生活大部分不能自理或者生活

部分不能自理三个不同等级支付，其标准分别为统筹地区上年度职工月平均工资的50%、40%或者30%的护理费。

15. 职工因工致残被鉴定为一级至四级伤残的享受什么待遇？

《工伤保险条例》规定，职工因工致残被鉴定为一级至四级伤残的，保留劳动关系，退出工作岗位，享受以下待遇：

（1）从工伤保险基金中按伤残等级支付一次性伤残补助金，标准为：一级伤残为27个月的本人工资，二级伤残为25个月的本人工资，三级伤残为23个月的本人工资，四级伤残为21个月的本人工资；

（2）从工伤保险基金中按月支付伤残津贴，标准为：一级伤残为本人工资的90%，二级伤残为本人工资的85%，三级伤残为本人工资的80%，四级伤残为本人工资的75%。伤残津贴实际金额低于当地最低工资标准的，由工伤保险基金补足差额；

（3）工伤职工达到退休年龄并办理退休手续后，停发伤残津贴，按照国家有关规定享受基本养老保险待遇。基本养老保险待遇低于伤残津贴的，由工伤保险基金补足差额。

职工因工致残被鉴定为一级至四级伤残的，由用人单位和职工个人以伤残津贴为基数，缴纳基本医疗保险费。

特别提示

2014年，北京市最低工资标准将由之前的每月1400元调整为1560元；天津市最低工资标准由每月1500元调整为1680元；广州市最低工资标准由每月1300元调整至1550元；深圳市全日制就业劳动者最低工资标准为每月1808元，非全日制就业劳动者小时最低工资标准为每小时16.5元；上海市则以每月1820元蝉联最低工资标准最高地区。

16. 职工因工致残被鉴定为五级、六级伤残的享受什么待遇?

《工伤保险条例》规定，职工因工致残被鉴定为五级、六级伤残的，享受以下待遇：

(1) 从工伤保险基金按伤残等级支付一次性伤残补助金，标准为：五级伤残为18个月的本人工资，六级伤残为16个月的本人工资；

(2) 保留与用人单位的劳动关系，由用人单位安排适当工作。难以安排工作的，由用人单位按月发给伤残津贴，标准为：五级伤残为本人工资的70%，六级伤残为本人工资的60%，并由用人单位按照规定为其缴纳应缴纳的各项社会保险费。伤残津贴实际金额低于当地最低工资标准的，由用人单位补足差额。

经工伤职工本人提出，该职工可以与用人单位解除或者终止劳动关系，由用人单位支付一次性工伤医疗补助金和伤残就业补助金。

17. 职工因工致残被鉴定为七级至十级伤残的享受什么待遇?

《工伤保险条例》规定，职工因工致残被鉴定为七级至十级伤残的，享受以下待遇：

(1) 从工伤保险基金按伤残等级支付一次性伤残补助金，标准为：七级伤残为13个月的本人工资，八级伤残为11个月的本人工资，九级伤残为9个月的本人工资，十级伤残为7个月的本人工资；

（2）劳动、聘用合同期满终止，或者职工本人提出解除劳动、聘用合同的，由工伤保险基金支付一次性工伤医疗补助金，由用人单位支付一次性伤残就业补助金。一次性工伤医疗补助金和一次性伤残就业补助金的具体标准由省、自治区、直辖市人民政府规定。

18. 职工因工死亡，其近亲属可以从工伤保险基金中领取哪些费用？

《工伤保险条例》规定，职工因工死亡，其近亲属按照下列规定从工伤保险基金领取丧葬补助金、供养亲属抚恤金和一次性工亡补助金：

（1）丧葬补助金为6个月的统筹地区上年度职工月平均工资；

（2）供养亲属抚恤金按照职工本人工资的一定比例发给由因工死亡职工生前提供主要生活来源、无劳动能力的亲属。标准为：配偶每月40%，其他亲属每人每月30%，孤寡老人或者孤儿每人每月在上述标准的基础上增加10%。核定的各供养亲属的抚恤金之和不应高于因工死亡职工生前的工资；

（3）一次性工亡补助金标准为上一年度全国城镇居民人均可支配收入的20倍。

特别提示

城镇居民人均可支配收入是指反映居民家庭全部现金收入能用于安排家庭日常生活的那部分收入。它是家庭总收入扣除缴纳的所得税、个人缴纳的社会保障费以及调查户的记账补贴后的收入。

19. 工伤职工有什么情形时停止享受工伤保险待遇?

《工伤保险条例》规定，工伤职工有下列情形之一的，停止享受工伤保险待遇：

（1）丧失享受待遇条件的；

（2）拒不接受劳动能力鉴定的；

（3）拒绝治疗的。

20. 非法用工单位伤亡人员怎样得到赔偿?

2011 年 1 月 1 日起施行的最新《非法用工单位伤亡人员一次性赔偿办法》规定，非法用工单位伤亡人员，是指无营业执照或者未经依法登记、备案的单位以及被依法吊销营业执照或者撤销登记、备案的单位受到事故伤害或者患职业病的职工，或者用人单位使用童工造成的伤残、死亡。前款所列单位必须按照本办法的规定向伤残职工或者死亡职工的近亲属、伤残童工或者死亡童工的近亲属给予一次性赔偿。

一次性赔偿包括受到事故伤害或者患职业病的职工或童工在治疗期间的费用和一次性赔偿金。一次性赔偿金数额应当在受到事故伤害或者患职业病的职工或童工死亡或者经劳动能力鉴定后确定。

劳动能力鉴定按照属地原则由单位所在地设区的市级劳动能力鉴定委员会办理。劳动能力鉴定费用由伤亡职工或童工所在单位支付。

职工或童工受到事故伤害或者患职业病，在劳动能力鉴定之前进行治疗期间的生活费按照统筹地区上年度职工月平均工资标准确定，医疗费、护理费、住院期间的伙食补助费以及所需的交通费等费用按照《工伤保险条例》规定的标准和范围确定，并全部由伤残职工或童工所在单位支付。

21. 非法用工单位伤亡人员得到一次性赔偿金的标准是多少?

《非法用工单位伤亡人员一次性赔偿办法》规定，一次性赔偿金按照以下标准支付：一级伤残的为赔偿基数的16倍，二级伤残的为赔偿基数的14倍，三级伤残的为赔偿基数的12倍，四级伤残的为赔偿基数的10倍，五级伤残的为赔偿基数的8倍，六级伤残的为赔偿基数的6倍，七级伤残的为赔偿基数的4倍，八级伤残的为赔偿基数的3倍，九级伤残的为赔偿基数的2倍，十级伤残的为赔偿基数的1倍。

小贴士

赔偿基数是指单位所在工伤保险统筹地区上年度职工年平均工资。

22. 农民工如何参加工伤保险?

《劳动和社会保障部关于农民工参加工伤保险有关问题的通知》（劳社部发〔2004〕18号）规定，农民工参加工伤保险、依法享受工伤保险待遇是《工伤保险条例》赋予包括农民工在内的各类用人单位职工的基本权益，各类用人单位招用的农民工均有享受工伤保险待遇的权利。各地要将农民工参加工伤保险，

作为工伤保险扩面的重要工作，明确任务，抓好落实。凡是与用人单位建立劳动关系的农民工，用人单位必须及时为他们办理参加工伤保险的手续。对用人单位为农民工先行办理工伤保险的，各地经办机构应予办理。

各级劳动保障部门要加大对农民工参加工伤保险的宣传和督促检查力度，积极为农民工提供咨询服务，促进农民工参加工伤保险。同时要认真做好工伤认定、劳动能力鉴定工作，对侵害农民工工伤保险权益的行为要严肃查处，切实保障农民工的合法权益。

23. 农民工受到事故伤害或患职业病后在何地享受工伤保险待遇？

《劳动和社会保障部关于农民工参加工伤保险有关问题的通知》规定，用人单位注册地与生产经营地不在同一统筹地区的，原则上在注册地参加工伤保险。未在注册地参加工伤保险的，在生产经营地参加工伤保险。农民工受到事故伤害或患职业病后，在参保地进行工伤认定、劳动能力鉴定，并按参保地的规定依法享受工伤保险待遇。用人单位在注册地和生产经营地均未参加工伤保险的，农民工受到事故伤害或者患职业病后，在生产经营地进行工伤认定、劳动能力鉴定，并按生产经营地的规定依法由用人单位支付工伤保险待遇。

24. 跨省流动的农民工怎样享受工伤保险待遇？

《劳动和社会保障部关于农民工参加工伤保险有关问题的通知》规定，对跨省流动的农民工，即户籍不在参加工伤保险统筹地区（生产经营地）所在省（自治区、直辖市）的农民工，1 至 4 级伤残长期待遇的支付，可试行一次性支付和长期支付两种方式，供农民工选择。在农民工选择一次性或长期支付方式时，支付其工伤保险待遇的社会保险经办机构应向其说明情况。一次性享受工伤保险长期待遇的，需由农民工本人提出，与用人单位解除或者终止劳动关系，与统筹地区社会保险经办机构签订协议，终止工伤保险关系。1 至 4 级伤残农民工一次性享受工伤保险长期待遇的具体办法和标准由省（自治区、直辖市）劳动保障行政部门制定，报省（自治区、直辖市）人民政府批准。

25. 劳务派遣中被派遣农民工遭受工伤和职业病时如何解决?

在劳务派遣实践中被派遣劳动者发生工伤或职业病后，劳务派遣单位与用工单位之间责任主体不清，经常相互推诿，导致被派遣劳动者的工伤保险权益得不到有效保障。对此，《劳务派遣暂行规定》明确，被派遣劳动者在用工单位因工作遭受事故伤害的，劳务派遣单位应当依法申请工伤认定，用工单位应当协助工伤认定的调查核实工作。劳务派遣单位承担工伤保险责任，但可以与用工单位约定补偿办法。

被派遣劳动者在申请进行职业病诊断、鉴定时，用工单位应当负责处理职业病诊断、鉴定事宜，并如实提供职业病诊断、鉴定所需的劳动者职业史和职业危害接触史、工作场所职业病危害因素检测结果等资料，劳务派遣单位应当提供被派遣劳动者职业病诊断、鉴定所需的其他材料。

26. 从事非全日制工作的劳动者发生工伤时如何享受工伤保险待遇?

《关于非全日制用工若干问题的意见》规定，用人单位应当按照国家有关规定为建立劳动关系的非全日制劳动者缴纳工伤保险费。从事非全日制工作的劳动者发生工伤，依法享受工伤保险待遇；被鉴定为伤残 5—10 级的，经劳动者与用人单位协商一致，可以一次性结算伤残待遇及有关费用。

根据 2011 年 7 月 1 日起施行的《实施〈中华人民共和国社会保险法〉若干规定》，职工（包括非全日制从业人员）在两个或者两个以上用人单位同时就业的，各用人单位应当分别为职工缴纳工伤保险费。职工发生工伤，由职工受到伤害时工作的单位依法承担工伤保险责任。

（四） 失业保险

1. 什么是失业保险，哪些人应当参加失业保险？

失业保险是指国家通过立法强制实行的，由社会集中建立基金，对因失业而暂时中断生活来源的劳动者提供物质帮助进而保障失业人员失业期间的基本生活，促进其再就业的制度。它是社会保障体系的重要组成部分，是社会保险的主要项目之一。

城镇的国有企业、集体企业、外商投资企业、港澳台投资企业、私营企业等各类企业及事业单位都必须参加失业保险并按规定缴纳失业保险费。上述单位的职工也要按规定缴纳失业保险费，失业后可以享受失业保险待遇。社会团体及其专职人员、民办非企业单位及其职工、城镇中有雇工的个体工商业主及其雇工是否参加失业保险，由省级人民政府确定。

2. 农民工可以参加失业保险吗，有何政策规定？

农民工可以参加失业保险。《失业保险条例》也有明确的规定：凡是属于用工单位与农民工建立稳定的劳动关系的，都应该参加失业保险。但农民工和其他职工参加失业保险的办法略有一点区别：一是农民工个人不用缴费，用人单位按个人工资总额的2%缴费，其他职工个人也要缴本人工资的1%，但农民工不用缴；二是在领取失业保险金的时候，农民工非本人意愿原因失业的话，可以把其应得的保险作为生活补助费一次性领取，这主要是考虑到农民工个人在城乡之间来回流动的问题，而其他职工必须按月领取。所以，农民工不但不用个人缴费，而且还可以一次性领取。

3. 在什么情况下可以享受失业保险待遇?

（1）按照规定参加失业保险，所在单位和本人已按照规定履行缴费义务满1年。

（2）非因本人意愿中断就业，即失业人员不愿意中断就业，但因本人无法控制的原因而被迫中断就业。劳动保障部发布的《失业保险金申领发放办法》对哪些情形属于非因本人意愿中断就业作了规定，主要包括：终止劳动合同，职工被用人单位解除劳动合同，职工被用人单位开除、除名和辞退的，用人单位违法或违反劳动合同导致职工辞职。出现上述情形造成职工失业的，职工有权申领失业保险金。

（3）已办理失业登记，并有求职要求。办理失业登记是为了掌握失业人员的基本情况，确认其资格。须有求职要求，是考虑到失业保险的一个重要功能是促进失业人员再就业。这是享受失业保险待遇的一个前提，也是失业人员应尽的义务。

4. 用人单位不给农民工缴纳失业保险，该怎么办?

如果用人单位没有给农民工缴纳失业保险费，致使农民工失业以后不能享受到失业保险待遇，农民工可以到失业保险经办机构或劳动保障监察机构进行举报，经办机构和监察机构都有义务督促用人单位替农民工缴纳失业保险。用人单位为农民工缴纳了失业保险费，农民工符合申领条件的话，应该到所在地的社保经办机构或就业服务机构申领失业保险金。

（五）生育保险

1. 什么是生育保险，哪些人应参加生育保险？

社会生育保险是国家针对女性生育行为、生育特点，通过国家强制手段征集生育基金，为怀孕和分娩的职业妇女及时提供经济帮助，保障参保母子的基本生活和健康，确保社会人口再生产和妇女、儿童权益的一项社会保障制度。

2011 年 7 月 30 日国务院颁布的《中国妇女发展纲要（2011—2020 年）》提出城乡生育保障制度进一步完善，生育保险覆盖所有用人单位，妇女生育保障水平稳步提高。因此，中华人民共和国境内的国家机关、人民团体、企事业单位和各类城镇企业。其中包括了国有企业、集体企业、外资企业、股份制企业、私营企业等都应该参加生育保险。

2. 生育保险待遇包括哪些内容？

（1）产假。产假是指女职工在分娩前后的一定时间内所享受的有薪假期，其宗旨在于恢复和增进产妇的身体健康、工作能力及料理个人生活的能力，并使婴儿得到母亲的精心照顾和哺育。2012 年 4 月 18 日国务院颁布的《女职工劳动保护特别规定》规定，女职工生育享受 98 天的产假，其中产前可以休假 15 天；难产的，增加产假 15 天；生育多胞胎的，每多生育一个婴儿，增加产假 15 天；

（2）生育津贴。生育津贴指在女职工因生育而离开工作岗位、不再从事有报酬的工作以致收入中断时，给予定期的现金补助，以维护和保障妇女及婴儿的正常生活。生育津贴即为产假工资，相当于女职工在生育期间的工资，是由生育保险基金支付的；

(3) 医疗服务。医疗服务指由医院、开业医生或助产士为职业妇女提供的妊娠、分娩和产后的医疗照顾，以及必需的住院治疗。定期对孕妇进行体检，并提供从怀孕到分娩的一系列医疗服务，以了解孕妇身体健康状况和胎儿成长情况。《企业职工生育保险试行办法》规定，女职工生育期间的检查费、接生费、手术费、住院费和药费由生育保险基金支付，女职工流产按照规定享受有关生育保险待遇。出院后，因生育引起疾病的医疗费也由生育保险基金支付。

3. 农民工如何参加生育保险?

目前我国的生育保险制度还没有普遍建立，各地工作进展不平衡。从各地制定的规定看，有的地区没有将农民工纳入生育保险覆盖范围，有的地区则将农民工纳入了生育保险覆盖范围。如果农民工所在地区将农民工纳入了生育保险覆盖范围，农民工所在单位应按规定为农民工参加生育保险并缴纳生育保险费，符合规定条件的生育农民工依法享受生育保险待遇。

(六) 其他社会保障

1. 如何做好农民工医疗卫生和计划生育问题?

《国务院关于进一步做好为农民工服务工作的意见》规定：继续实施国家免疫规划，保障农民工适龄随迁子女平等享受预防接种服务。加强农民工聚居地的疾病监测、疫情处置和突发公共

卫生事件应对，强化农民工健康教育、妇幼健康和精神卫生工作。加强农民工艾滋病、结核病、血吸虫病等重大疾病防治工作，落实“四免一关怀”等相关政策。完善社区卫生计生服务网络，将农民工纳入服务范围。鼓励有条件的地方将符合条件的农民工及其随迁家属纳入当地医疗救助范围。巩固完善流动人口计划生育服务管理全国“一盘棋”工作机制，加强考核评估，落实输入地和输出地责任。开展流动人口卫生计生动态监测和“关怀关爱”活动。

2. 农民工子女是否可以在城市上学？

《国务院关于进一步做好为农民工服务工作的意见》中规定，输入地政府要将符合规定条件的农民工随迁子女教育纳入教育发展规划，合理规划学校布局，科学核定公办学校教师编制，加大公办学校教育经费投入，保障农民工随迁子女平等接受义务教育权利。公办义务教育学校要普遍对农民工随迁子女开放，与城镇户籍学生混合编班，统一管理。积极创造条件着力满足农民工随迁子女接受普惠性学前教育的需求。对在公益性民办学校、普惠性民办幼儿园接受义务教育、学前教育的，采取政府购买服务等方式落实支持经费，指导和帮助学校、幼儿园提高教育质量。各地要进一步完善和落实好符合条件的农民工随迁子女接受义务教育后在输入地参加中考、高考的政策。开展关爱流动儿童活动。

2014 年教育部下发的《关于做好无学籍流动学生管理工作的通知》也明确提出，学生在流入地必须先具备入学资格，入学后才能建立学籍；在不合格学校就读的，不能建立学籍；没有学籍回户籍地就读的，户籍地学校必须依法接收并建立学籍。例如，北京市就针对非本市户籍适龄儿童少年坚持“五证”审核要求。要求各区公开、规范工作程序，确保符合条件随迁务工人员子女入学。

3. 如何解决农民工在城市的住房问题？

《国务院关于进一步做好为农民工服务工作的意见》规定，要逐步改善农民工居住条件。统筹规划城镇常住人口规模和建设用地面积，将解决农民工住房问题纳入住房发展规划。

（1）支持增加中小户型普通商品住房供给，规范房屋租赁市场，积极支持符合条件的农民工购买或租赁商品住房，并按规定享受购房契税和印花税等优惠政策。完善住房保障制度，将符合条件的农民工纳入住房保障实施范围；

（2）加强城中村、棚户区环境整治和综合管理服务，使居住其中的农民工住宿条件得到改善；

（3）农民工集中的开发区、产业园区可以按照集约用地的原则，集中建设宿舍型或单元型小户型公共租赁住房，面向用人单位或农民工出租。允许农民工数量较多的企业在符合规划和规定标准的用地规模范围内，利用企业办公及生活服务设施用地建设农民工集体宿舍，督促和指导建设施工企业改善农民工住宿条件；

（4）逐步将在城镇稳定就业的农民工纳入住房公积金制度实施范围。

四、劳动安全受保护 女工童工享特殊

特别提示

关于安全和保护女工童工的主要法律法规

※ 中华人民共和国矿山安全法（1992.11.7）

※ 中华人民共和国煤矿安全监察条例（2000.11.7）

※ 中华人民共和国安全生产法（2014.8.3 修正）

※ 劳动保障监察条例（2004.11.1）

※ 安全生产违法行为行政处罚办法（2007.11.30 修订）

※ 中华人民共和国妇女权益保障法（2005.8.28 修正）

※ 女职工劳动保护特别规定（2012.4.28）

※ 企业职工生育保险试行办法（1994.12.14）

※ 未成年工特殊保护规定（1994.12.9）

※ 禁止使用童工规定（2002.10.1）

（一） 劳动安全卫生

1. 用人单位应当怎样保障劳动者的安全卫生权利得到实现？

根据《劳动法》的规定，用人单位必须建立、健全劳动安全

卫生制度，严格执行国家劳动安全卫生规程和标准，对劳动者进行劳动安全卫生教育，防止劳动过程中的事故，减少职业危害。劳动安全卫生设施必须符合国家规定的标准。新建、改建、扩建工程的劳动安全卫生设施必须与主体工程同时设计、同时施工、同时投入生产和使用。

用人单位必须为劳动者提供符合国家规定的劳动安全卫生条件和必要的劳动防护用品，对从事有职业危害作业的劳动者应当定期进行健康检查。

2. 劳动者在安全生产方面有什么权利和义务?

根据《劳动法》的规定，劳动者对用人单位管理人员违章指挥、强令冒险作业，有权拒绝执行；对危害生命安全和身体健康的行为，有权提出批评、检举和控告。

劳动者在作业过程中要做到“四不伤害”。不伤害自己，不伤害他人，不被他人伤害，我保护他人不受伤害。要实现这个目标，不仅各级领导和施工企业要做出努力，更要靠千千万万在现场作业一线的广大职工。

劳动者必须提高自我保护的意识和本领，干活时懂得怎样保护自己，出现险情或异常情况，能够应变，做到“不伤害自己”。现场施工是群体作业，相互配合，还要注意不伤害他人。自己在高空作业，要注意下面是否有人操作；机器还在运转，自己擅离岗位，要想到会给他人造成危险；自己的工序没有尽职尽责，会给下面工序留下隐患等。人人注意安全，安全才能有保障。

3. 劳动合同对劳动报酬和劳动条件约定不明的怎么办?

劳动合同对劳动报酬和劳动条件等标准约定不明确，引发争议的，劳动者可以与用人单位重新协商，达到一致。如果协商不成，采取以下方法来确定：

（1）劳动报酬和劳动条件等标准适用集体合同规定；

（2）没有集体合同或者集体合同没有规定劳动报酬的，实行同工同酬；

（3）没有集体合同或者集体合同没有规定劳动条件等标准的，适用国家有关规定。

4. 如遇生产经营单位违章指挥作业、强令冒险作业，从业人员怎么办?

《安全生产法》明确规定，从业人员有权对本单位安全生产工作中存在的问题提出批评、检举、控告；有权拒绝违章指挥和强令冒险作业。生产经营单位不得因从业人员对本单位安全生产工作提出批评、检举、控告或者拒绝违章指挥、强令冒险作业而降低其工资、福利等待遇或者解除与其订立的劳动合同。

只是现实生活中，职工碍于单位以辞退、降低工资等威慑，难以有自主权，这时候可以寻求工会组织帮助。工会有权要求纠正生产经营单位违反安全生产法律、法规，侵犯从业人员合法权益的行为；发现生产经营单位违章指挥、强令冒险作业或者发现事故隐患时，有权提出解决的建议，生产经营单位应当及时研究答复；发现危及从业人员生命安全的情况时，有权向生产经营单位建议组织从业人员撤离危险场所，生产经营单位必须立即作出处理。

特别提示

工会依法对安全生产工作进行监督。生产经营单位的工会依法组织职工参加本单位安全生产工作的民主管理和民主监督，维护职工在安全生产方面的合法权益。生产经营单位制定或修改有关安全生产的规章制度，应当听取工会的意见。

5. 生产经营单位与从业人员签订的“生死合同”是否有效?

《安全生产法》对劳动合同的安全条款作了明确规定：生产经营单位不得以任何形式与从业人员订立协议，免除或者减轻其对从业人员因生产安全事故伤亡依法应承担的责任。

“生死合同”指的是用人单位免除自己的一切安全生产责任，将保护劳动者的安全、健康完全排除在单位义务之外的协议。这种合同无法保障劳动者的合法

权益，对劳动者合法权利进行践踏，因而是违反法律的，为无效合同。

《职业病防治法》也规定，用人单位与劳动者订立劳动合同时，应当将工作过程中可能产生的职业病危害及其结果、职业病防护措施和待遇等如实告知劳动者，并在劳动合同中写明，不得隐瞒或者欺骗。

《劳动法》第十八条规定，违反法律、行政法规的劳动合同无效。因此，只要生产经营单位与从业人员签订此类生死合同，不管从业人员自愿还是被迫，该劳动合同都因为违反了法律规定而自始无效。因此，对从业人员因安全生产事故造成的伤亡，生产经营单位仍需承担责任。

6. 矿山企业职工享有哪些权利，应履行哪些义务?

矿山企业职工享有下列权利：

（1）有权获得作业场所安全与职业危害方面的信息；

（2）有权向有关部门和工会组织反映矿山安全状况和存在的问题；

（3）对任何危害职工安全健康的决定和行为，有权提出批评、检举和控告。

矿山企业职工应当履行下列义务：

（1）遵守有关矿山安全的法律、法规和企业规章制度；

（2）维护矿山企业的生产设备、设施；

（3）接受安全教育和培训；

（4）及时报告危险情况，参加抢险救护。

7. 生产经营单位发生安全事故时，应如何承担赔偿责任?

《安全生产法》第一百一十一条规定：“生产经营单位发生生产安全事故造成人员伤亡、他人财产损失的，应当依法承担赔偿责任；拒不承担或者其负责人逃匿的，由人民法院依法强制执行。

“生产安全事故的责任人未依法承担赔偿责任，经人民法院依法采取执行措施后，仍不能对受害人给予足额赔偿的，应当继续履行赔偿义务；受害人发现责任人有其他财产的，可以随时请求人民法院执行。”

事故损害赔偿的构成要件是：责任主体必须是生产经营单位；违法事实，即生产经营单位有安全生产违法行为；损害事实，即安全生产违法引发的事故造成了本单位从业人员的伤亡和不特定的其他人员的生命、财产损失。事故损害赔偿需要首先确定民事责任，而赔偿的具体标准必须按照民事法律的有关规定，不能任意提高或者降低民事赔偿标准。

根据《民事诉讼法》规定，发生法律效力的民事判决书、调解书，当事人双方必须严格履行，一方拒绝履行的，对方当事人可以向法院申请强制执行。

8. 如何依法保障农民工的安全生产和职业健康权益？

《国务院关于进一步做好为农民工服务工作的意见》规定，强化高危行业和中小企业一线操作农民工安全生产和职业健康教育培训，将安全生产和职业健康相关知识纳入职业技能教育培训内容。严格执行特殊工种持证上岗制度、安全生产培训与企业安全生产许可证审核相结合制度。督促企业对接触职业病危害的农民工开展职业健康检查、建立监护档案。建立重点职业病监测哨点，完善职业病诊断、鉴定、治疗的法规、标准和机构。重点整治矿山、工程建设等领域农民工工伤多发问题。实施农民工职业病防治和帮扶行动，深入开展粉尘与高毒物品危害治理，保障符合条件的无法追溯用人单位及用人单位无法承担相应责任的农民工职业病患者享受相应的生活和医疗待遇。

9. 怎样改善农民工的安全生产条件？

关于贯彻《国务院办公厅关于做好农民进城务工就业管理和

服务工作的通知》的规定，各地区、各有关部门要高度重视农民工的生产安全和职业病防治问题。使用农民工的单位，必须按照国家标准和行业要求，为农民工提供必要的安全生产设施、劳动保护条件及职业病防治措施。从事矿山、建筑和危险物品生产经营作业的农民工上岗前必须依法接受培训。要严格执行安全生产规章制度，加大生产安全监察工作力度，严防重大生产安全事故的发生。要做好将农民工纳入工伤保险范围的工作。发生生产安全事故要严格追究事故责任人的法律责任，并保证在事故中受到损害的农民工依法享有各项工伤保险待遇。

10. 怎样改善农民工的生活条件？

《国务院办公厅关于做好农民进城务工就业管理和服务工作的通知》规定，要关心农民工的生活，切实解决他们的实际困难。卫生部门要做好农民工的计划免疫和健康教育工作，建立农民工集中居住地的环境卫生和食物安全检查制度，严防发生群体疫病传染和食物中毒事件。用人单位为农民工安排的宿舍，

必须具备一定的卫生条件，并保证农民工的人身安全。在农民工居住较集中的地段，当地政府应提供必要的基础设施，改善公共交通和环境卫生状况。有条件的地方可探索农民工参加医疗保险等具体办法，帮助他们解决务工就业期间的医疗等特殊困难。

（二） 女职工和未成年工特殊权益

1. 国家对女职工的特殊劳动保护措施有哪些？

我国《劳动法》和《女职工劳动保护特别规定》对女职工的特殊劳动保护都做了相应的规定。

其中《劳动法》规定，国家对女职工实行特殊劳动保护。禁止安排女职工从事矿山井下、国家规定的第四级体力劳动强度的劳动和其他禁忌从事的劳动。不得安排女职工在经期从事高处、低温、冷水作业和国家规定的第三级体力劳动强度的劳动。不得安排女职工在怀孕期间从事国家规定的第三级体力劳动强度的劳动和孕期禁忌从事的劳动。对怀孕 7 个月以上的女职工，不得安排其延长工作时间和夜班劳动。

《女职工劳动保护特别规定》规定，女职工在孕期不能适应原劳动的，用人单位应当根据医疗机构的证明，予以减轻劳动量或者安排其他能够适应的劳动。对怀孕 7 个月以上的女职工，用人单位不得延长劳动时间或者安排夜班劳动，并应当在劳动时间内安排一定的休息时间。怀孕女职工在劳动时间内进行产前检查，所需时间计入劳动时间。

2. 国家对未成年工实行特殊劳动保护的措施有哪些？

根据《劳动法》的规定，国家对未成年工实行特殊劳动保护。未成年工是指年满 16 周岁未满 18 周岁的劳动者。

不得安排未成年工从事矿山井下、有毒有害、国家规定的第四级体力劳动强度的劳动和其他禁忌从事的劳动。

用人单位应当对未成年工定期进行健康检查。

3. 如何依法保障女职工和未成年工的特殊权益？

切实保护女工和未成年工权益，严格禁止使用童工。用人单位要依法保护女工的特殊权益，不得以性别为由拒绝录用女工或提高女工录用标准，不得安排女工从事禁忌劳动范围工作，不得在女工孕期、产期、哺乳期降低其基本工资或单方面解除劳动合同。

招用未成年工的用人单位，应当在工种、劳动时间、劳动强度和保护措施等方面严格执行国家有关规定。对介绍和使用童工的违法行为要从严惩处。

4. 什么是女职工“四期”保护?

女职工“四期”保护是对女性生理机能变化过程即经期、孕期、产期、哺乳期的劳动保护，主要包括女职工在“四期”禁忌从事的劳动，对孕期、哺乳期延长劳动时间和夜班劳动的限制，产期和哺乳假等规定。女性生理机能决定了女职工有月经、怀孕、生育、哺乳等生理变化，导致女职工在劳动作业能力上发生一定变化，需要特别的保护。

5. 女职工劳动权益受到侵害时如何维护自己的正当权益?

女职工要增强法律意识和自我保护意识，根据不同侵权行为和侵权内容，依照《劳动法》、《劳动合同法》、《妇女权益保障法》、《女职工劳动保护特别规定》等多部法律法规维护自身合法权益。广大女职工可以通过以下途径依法维护自身的正当权益:

(1) 向工会及工会女职工组织寻求帮助;

(2) 向所在单位和地方的劳动调解委员会和劳动争议仲裁委员会申请调解和仲裁;

(3) 可以要求有关主管部门处理;

(4) 可以向人民法院提起诉讼。

6. 用人单位招用童工会承担什么法律后果?

《劳动法》、《未成年人保护法》都明令禁止用人单位招用未满16周岁的未成年人，为打击招收童工的违法行为，也为了保护未成年人利益，国家对童工的工伤赔偿采用了惩罚性标准，大大高于普通工伤及人身损害的补偿性标准。

《工伤保险条例》第六十三条规定，用人单位不得使用童工，用人单位使用童工造成童工伤残、死亡的，由该单位向童工或者童工的直系亲属给予一次性赔偿，赔偿标准不得低于本条例规定的工伤保险待遇。

在新修订的《非法用工单位伤亡人员一次性赔偿办法》中，将一次性赔偿金的标准进行了明确的规定。

7. 用人单位侵犯未成年工和女职工权益的应怎样处罚？

《劳动保障监察条例》第二十三条规定，用人单位有下列行为之一的，由劳动保障行政部门责令改正，按照受侵害的劳动者每人 1000 元以上 5000 元以下的标准计算，处以罚款：

（1）安排女职工从事矿山井下劳动、国家规定的第四级体力劳动强度的劳动或者其他禁忌从事的劳动的；

（2）安排女职工在经期从事高处、低温、冷水作业或者国家规定的第三级体力劳动强度的劳动的；

（3）安排女职工在怀孕期间从事国家规定的第三级体力劳动强度的劳动或者孕期禁忌从事的劳动的；

（4）安排怀孕 7 个月以上的女职工夜班劳动或者延长其工作时间的；

（5）女职工生育享受产假少于 90 天的；

(6) 安排女职工在哺乳未满1周岁的婴儿期间从事国家规定的第三级体力劳动强度的劳动或者哺乳期禁忌从事的其他劳动，以及延长其工作时间或者安排其夜班劳动的；

(7) 安排未成年工从事矿山井下、有毒有害、国家规定的第四级体力劳动强度的劳动或者其他禁忌从事的劳动的；

(8) 未对未成年工定期进行健康检查的。

用人单位违反《女职工劳动保护特别规定》附录第三条、第四条的，由县级以上人民政府安全生产监督管理部门责令限期治理，处5万元以上30万元以下的罚款；情节严重的，责令停止有关作业，或者提请有关人民政府按照国务院规定的权限责令关闭。

五、争议处理有程序 法律援助可申请

特别提示

关于劳动争议处理的主要法律法规

※ 中华人民共和国劳动法（2009. 8. 27 修正）

※ 中华人民共和国劳动争议调解仲裁法（2007. 12. 29）

※ 工会参与劳动争议处理试行办法（1995. 8. 17）

※ 最高人民法院关于审理劳动争议案件适用法律若干问题的解释（四）（2013. 1. 18）

※ 劳动人事争议仲裁办案规则（2009. 1. 1）

※ 劳动人事争议仲裁组织规则（2010. 1. 20）

※ 企业劳动争议协商调解规定（2011. 11. 30）

※ 法律援助条例（2003. 7. 21）

（一） 劳动争议调解

1. 什么是劳动争议？

劳动争议又称劳动纠纷、劳资争议或劳资纠纷。它是指依法建立劳动关系的用人单位和劳动者之间，因劳动权益和义务问题产生的分歧而引发的争议。

劳动争议必须具备以下特征：劳动争议主体是用人单位和劳

动者；劳动争议主体之间必须存在劳动关系，即劳动者与用人单位有隶属性劳动关系，同时劳动争议是因劳动就业、劳动合同、劳动报酬、工作时间和休息时间、劳动安全与卫生、社会保险与福利、职业培训等问题引起的争议。

2. 劳动争议处理范围有哪些?

（1）企业开除、除名、辞退职工和职工辞职、自动离职发生的争议；

（2）企业职工流动、停薪留职、从事第二职业发生的争议；

（3）执行国家和本市有关工资（含津贴和补贴）的规定发生的争议；

（4）因执行国家和本市有关养老保险、失业保险、工伤保险、医疗保险、生育保险和病假待遇、死亡、丧葬抚恤的规定发生的争议；

（5）因执行国家和本市有关集体福利费、交通补助费、探亲路费、取暖补贴、生活困难补助费等福利待遇的规定发生的争议；

（6）因执行国家和本市有关职业技术培训的规定，职工在职期间参加各类专业学校和各种技术培训班、进修班的培训及相关的培训合同、培训费等发生的争议；

（7）因执行国家和本市有关工作时间、休息时间、休假制度、劳动安全卫生、女职工劳动保护、未成年人劳动保

护等规定发生的争议；

（8）因履行、变更、续订、解除、终止劳动合同发生的争议；

（9）法律、法规、规章规定的其他劳动争议。

3. 农民工容易发生哪些劳动争议？

由于农民工流动性大、职业技能相对偏低、法律意识不强，一些用人单位招用农民工也不规范，农民工容易发生如下争议：

（1）劳动合同争议。一些用人单位在招用农民工时，往往不与其签订劳动合同，或者签订的劳动合同条款不完备，在劳动关系存续期间容易发生履行、解除劳动合同的争议以及因事实劳动关系引发的争议。

（2）工资争议。农民工工资报酬比较低，容易出现低于最低工资标准的现象。同时，拖欠、克扣工资以及超时劳动不支付加班加点报酬的争议也容易发生。

（3）工伤争议。一些用人单位的劳动安全和劳动保护措施不健全，对农民工也缺乏必要的培训和安全生产教育，容易发生工伤事故。

（4）社会保险争议。农民工也应按照有关规定参加社会保险。

（5）收取抵押金、保证金和身份证等引发的争议。

4. 发生了劳动争议该如何处理？

在我国，劳动争议的处理方式有四种：协商、调解、仲裁、诉讼。其中，协商并不是处理劳动争议的法定必经程序，当事人可以选择协商，也可以跳过协商，直接进入法定程序。

而根据《劳动争议调解仲裁法》规定，职工可以通过以下几种法定方式提起劳动争议处理：

（1）向劳动争议调解组织（企业调解委员会、依法设立的基层人民调解组织和乡镇、街道设立的具有劳动争议调解职能的组织）申请调解；

（2）向当地劳动争议仲裁委员会申请仲裁；

（3）向人民法院提起诉讼。

以上几种形式的先后顺序为：发生劳动争议，职工可以向调解组织申请调解，不愿意调解或调解不成的可以向劳动争议仲裁委员会申请仲裁；对仲裁裁决不服的，除部分劳动争议案件有条件实行“一裁终局”外，可以向人民法院提起诉讼。

劳动争议处理流程

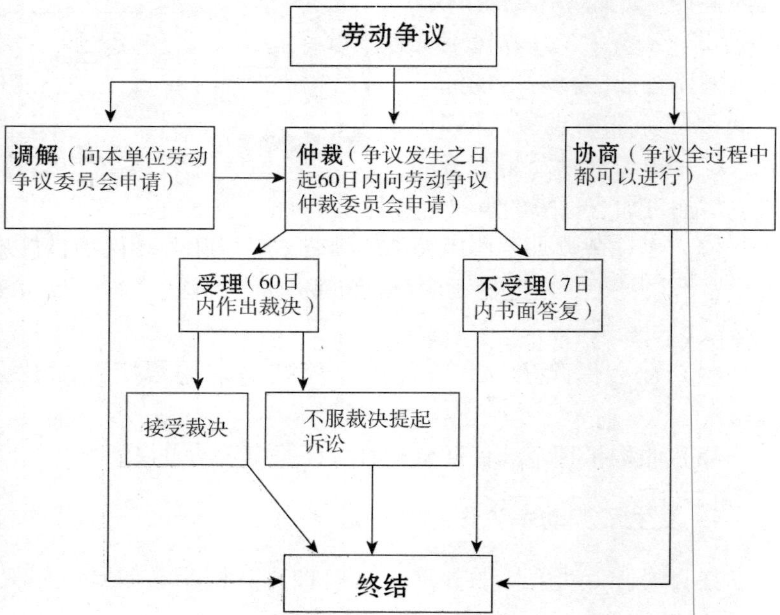

5. 什么是劳动争议调解，调解需要收费吗？

劳动争议调解是在劳动争议处理机构的主持下，依照法律、法规和政策规定，在查明事实、明辨是非、分清责任的基础上，通过说服引导，劝说争议双方当事人互谅互让，达成协议，从而解决劳动争议的活动。劳动争议调解是调解方式在劳动争议案件处理过程中的具体运用。

劳动争议调解组织调解劳动争议是不收取当事人任何费用的，劳动争议调解组织的经费由企业负担。

6. 我国有哪些劳动争议调解组织？

《劳动争议调解仲裁法》规定：发生劳动争议，当事人可以到下列调解组织申请调解：

（1）企业劳动争议调解委员会；

（2）依法设立的基层人民调解组织；

（3）在乡镇、街道设立的具有劳动争议调解职能的组织。

7. 劳动争议调解的流程是怎样的？

劳动争议调解要由当事人向劳动争议调解组织提出申请。当事人的申请可以是书面申请，也可以是口头申请。口头申请的，调解组织应当当场记录申请人基本情况、申请调解的争议事项、理由和时间。

调解劳动争议，应当充分听取双方当事人对事实和理由的陈述，耐心疏导，帮助其达成协议。经调解达成协议的，应当制作调解协议书。调解协议书由双方当事人签名或者盖章，经调解员签名并加盖调解组织印章后生效，对双方当事人具有约束力，当事人应当履行。

自劳动争议调解组织收到调解申请之日起 15 日内未达成调解协议的，当事人可以依法申请仲裁。

8. 企业劳动争议调解委员会怎样组成?

企业劳动争议调解委员会作为依法设立的、专门调解本企业劳动争议的群众组织，通过依法履行职责来维护本企业与职工的合法权益。

调解委员会的办事机构一般设在企业工会。调解委员会由下列人员组成：（1）职工代表；（2）企业代表；（3）企业工会代表。

企业劳动争议调解委员会由职工代表和企业代表组成。职工代表由工会成员担任或者由全体职工推举产生，企业代表由企业负责人指定。企业劳动争议调解委员会主任由工会成员或者双方推举的人员担任。

9. 劳动者所在单位没有劳动争议调解委员会的怎么办?

劳动者所在的用人单位没有劳动争议调解委员会，劳动者又想通过调解解决与用人单位的争议，则劳动者可以到当地的区域性劳动争议调解指导委员会申请调解。根据相关规定，工会可以在城镇和乡镇企业集中的地方设立区域性劳动争议调解指导委员会。区域性劳动争议调解指导委员会指导本区域内劳动争议调解委员会的调解工作，并调解未设调解组织的用人单位的劳动争议。

10. 什么是人民调解委员会，其组成人员有哪些？

2011 年 1 月 1 日起施行的《中华人民共和国人民调解法》规定，人民调解委员会是依法设立的调解民间纠纷的群众性组织。村民委员会、居民委员会设立人民调解委员会，企业事业单位根据需要设立人民调解委员会。人民调解委员会通过说服、疏导等方法，促使当事人在平等协商基础上自愿达成调解协议，解决民间纠纷。

人民调解委员会由委员 3—9 人组成，设主任 1 人，必要时，可以设副主任若干人。人民调解委员会应当有妇女成员，多民族居住的地区应当有人数较少民族的成员。

11. 怎样加强用人单位与农民工劳动争议处理工作的力度？

《国务院关于进一步做好为农民工服务工作的意见》规定，要按照“鼓励和解、强化调解、依法仲裁、衔接诉讼”的要求，及时公正处理涉及农民工的劳动争议。畅通农民工劳动争议仲裁“绿色通道”，简化受理立案程序，提高仲裁效率。建立健全涉及农民工的集体劳动争议调处机制。大力加强劳动保障监察机构、劳动人事争议仲裁院和基层劳动争议调解组织建设，完善服务设施，增强维护农民工权益的能力。

（二）劳动争议仲裁

1. 什么是劳动争议仲裁，仲裁需要收费吗？

劳动争议仲裁是指法律授权的专门机构——劳动争议仲裁委员会，根据当事人的申请，遵循法律规定的原则和程序，对劳动关系双方发生的劳动争议进行调解或裁决的一项劳动法律制度。它是通过法律途径解决劳动争议的必经程序。

自从《劳动争议调解仲裁法》实施后，劳动争议仲裁不再收费。劳动争议仲裁委员会的经费由财政予以保障。这一规定大大减轻了争议当事人尤其是职工的负担，降低了职工的维权成本。

2. 劳动争议仲裁的管辖应如何确定？

劳动争议仲裁管辖，是指各级劳动争议仲裁委员会之间，同级劳动争议仲裁委员会之间，受理劳动争议案件的分工和权限。根据《劳动争议调解仲裁法》的规定，我国劳动争议仲裁委员会管辖劳动争议实行地域关系，不实行级别管辖。

劳动争议仲裁委员会负责管辖本区域内发生的劳动争议。即市、区、县区域内发生的劳动争议，由该县、市、区的劳动争议仲裁委员会负责处理。

如果劳动合同履行地和用人单位的所在地分属不同的劳动争议仲裁委员会，而双方当事人又分别向劳动合同履行地和用人单位所在地的劳动争议仲裁委员会申请仲裁的，由劳动合同履行地的劳动争议仲裁委员会管辖。

3. 当事人能否委托代理人参加仲裁活动？

劳动争议仲裁委托代理人是指接受当事人、法定代理人的委托，以当事人的名义，在当事人或其法定代理人授权的范围内代为从事仲裁活动的人。在劳动争议仲裁过程中，职工当事人可以委托工会工作者、律师、法律援助人员等作为其代理人，参与仲裁活动。

无民事行为能力的和限制民事行为能力的职工或者劳动者死亡的，可以由其法定代理人代为参加仲裁活动；没有法定代理人的，由仲裁委员会为其指定代理人代为参加仲裁活动。当事人双方可以自行和解。

4. 劳动争议当事人应当怎样提出仲裁申请?

劳动争议的一方当事人认为另一方当事人侵害其合法权益的，应当依法向劳动争议仲裁委员会提出申请，要求仲裁机构对劳动争议进行仲裁。申请人申请仲裁应当提交书面仲裁申请，并按照被申请人人数提交副本。仲裁委员会对符合仲裁条件的申请应当给予受理，并在收到仲裁申请之日起 5 日内向申请人出具受理通知书。

劳动争议仲裁申诉书

申诉人				被诉人			
姓名或单位名称				姓名或单位名称			
单位性质				单位性质			
法定代表人姓　名		职务		法定代表人姓　名		职　务	
性别		年龄		性别		年龄	
民族或国籍		用工性质		民族或国籍		用工性质	
工作单位				工作单位			
地址				地　址			
电话				电　话			
邮编				邮　编			

请求事项：____

____

____

事实和理由（包括证据和证据来源，证人姓名和住址等情

况）：____

____

____

____

____

此致

×××劳动争议仲裁委员会

申诉人：__________（签名或盖章）

____年____月____日

附：1. 副本________份；

2. 物证________件；

3. 书证________件。

注意事项：

（1）该申诉书是指导劳动争议当事人进行仲裁申诉，供申诉人使用的。

（2）申诉人在书写申诉书时，应用钢笔、毛笔或打印。申诉书由正本和副本组成，副本份数应按被诉人人数提交，由劳动争议仲裁委员会送达被诉人。

（3）“请求事项”，是指申诉要达到的目的和要求，应具体证明。

（4）“事实与理由”部分应注意将证据、证人的详细情况写明。空格不够用时，可续加中页。

5. 劳动争议仲裁委员会由哪些人员组成？

劳动争议仲裁委员会是国家授权、依法独立处理劳动争议的专门机构。劳动争议仲裁委员会由劳动行政部门代表、工会代表和企业方面代表组成。劳动争议仲裁委员会组成人员应当是单数。

仲裁委员会处理劳动争议，应当组成仲裁庭。仲裁庭由3名仲裁员组成，设首席仲裁员。简单劳动争议案件，仲裁委员会可以指定一名仲裁员独任仲裁。仲裁庭对重大的或者疑难的劳动争议案件的处理，可以提交仲裁委员会讨论决定；仲裁委员会的决定，仲裁庭必须执行。

6. 劳动争议当事人可以申请哪些仲裁人员回避？

根据相关规定，仲裁委员会组成人员或者仲裁员有下列情形之一的，应当回避，当事人有权以口头或者书面方式申请其回避：

（1）是劳动争议案件当事人或者当事人、代理人的近亲属的；

（2）与劳动争议案件有利害关系的；

（3）与劳动争议案件当事人有其他关系，可能影响公正仲裁的；

（4）私自会见当事人、代理人或者接受当事人、代理人的请客送礼的。

仲裁委员会对回避申请应当及时作出决定，并以口头或者书面方式通知当事人。

7. 劳动争议仲裁的程序是怎样的？

（1）申请人申请仲裁应当提交书面仲裁申请，并按照被申请人人数提交副本。劳动争议仲裁委员会收到仲裁申请之日起5日内，认为符合受理条件的，应当受理，并通知申请人；认为不符合受理条件的，应当书面通知申请人不予受理，并说明理由。

（2）劳动争议仲裁委员会受理仲裁申请后，应当在5日内将仲裁申请书副本送达被申请人。被申请人收到仲裁申请书副本后，应当在10日内向劳动争议仲裁委员会提交答辩书。

仲裁庭应当在开庭5日前，将开庭日期、地点书面通知双方当事人。当事人有正当理由的，可以在开庭3日前请求延期开庭。是否延期，由劳动争议仲裁委员会决定。

裁决书应当载明仲裁请求、争议事实、裁决理由、裁决结果和裁决日期。裁决书由仲裁员签名，加盖劳动争议仲裁委员会印章。对裁决持不同意见的仲裁员，可以签名，也可以不签名。

劳动争议仲裁流程图

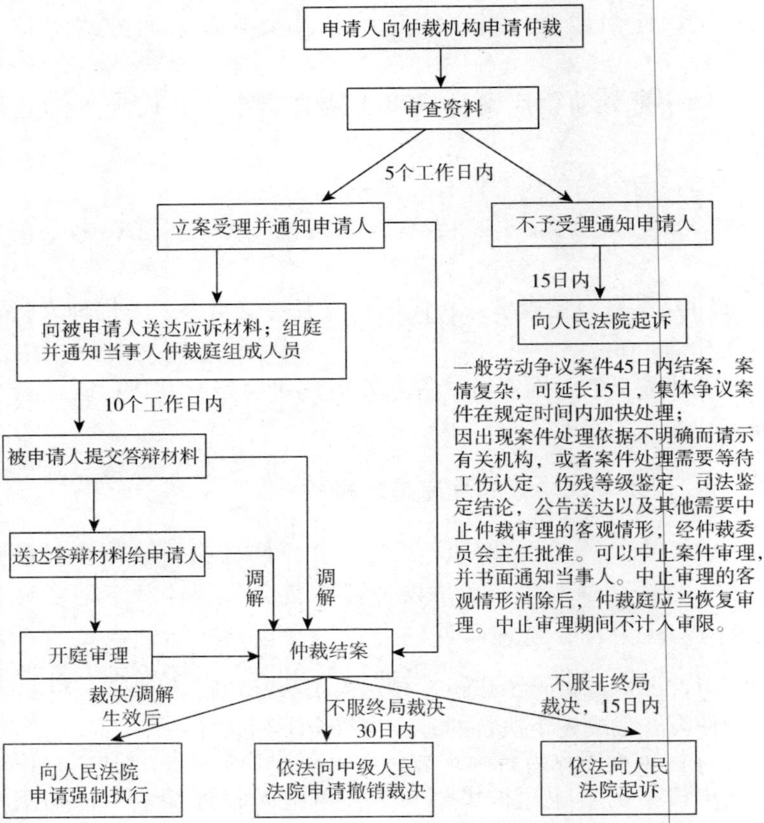

8. 申请仲裁的时效该如何计算?

《劳动争议调解仲裁法》第二十七条规定:“劳动争议申请仲裁时效期间为一年。”但这个时间是从“当事人知道或者应当知道其权利被侵害之日”作为起算点开始计算的。

“知道或者应当知道其权利被侵害之日”一般是指有证据表明权利人知道自己的权利被侵害的日期，或者根据常理、一般规律或者权利人所处环境能推定权利人知道自己的权利被侵害的日期。

9. 仲裁庭处理劳动争议的期限有何规定？

劳动争议仲裁期限是劳动争议仲裁委员会办理劳动争议案件的法定时间限制。《劳动争议调解仲裁法》第四十三条规定这个期限是从劳动争议仲裁委员会收到劳动争议当事人的仲裁申请之日起开始计算。

仲裁期限应当自收到仲裁申请之日起45日内结束。案情复杂需要延期的，延长期限不得超过15日。可见，仲裁期限最长不得超过60日。如果仲裁庭逾期不作出裁决，当事人可以直接向人民法院提起诉讼。

10. 在劳动争议仲裁案件中哪些情况可以先予执行？

劳动争议仲裁委员会在对追索劳动报酬、工伤医疗费、经济补偿或者赔偿金等劳动争议案件作出终结裁决之前，根据劳动者的申请，可以裁决先予执行，移送人民法院执行。

仲裁庭裁决先予执行的，应当符合下列条件：

（1）当事人之间权利义务关系明确；

（2）不先予执行将严重影响申请人的生活。

劳动者申请先予执行的，可以不提供担保。

11. 劳动争议仲裁机构应怎样处理拖欠农民工工资的案件？

劳动者可以向劳动仲裁部门申请劳动仲裁，并要求支付拖欠的工资以及经济补偿金。对拖欠农民工工资问题申请仲裁的案件，应当优先受理，快速处理。

（三） 劳动争议诉讼

1. 什么是劳动争议诉讼?

劳动争议诉讼是指当事人不服仲裁裁决，或者对劳动争议仲裁委员会不予受理或逾期未作出决定的，在法定期限内向人民法院起诉，人民法院依法进行审理和判决的活动。目前，我国劳动争议诉讼案件由人民法院依照《民事诉讼法》的规定进行审理。

2. 什么是劳动争议的诉讼程序?

诉讼程序是指人民法院对当事人提请审理的劳动争议案件进行审理并作出判决的过程。人民法院审理劳动争议案件适用的是民事诉讼程序，采取两审终审制。即劳动争议当事人不服仲裁委员会的裁决而向人民法院起诉后，人民法院对符合受理条件的案件，进行第一次审理；当事人对第一审的判决不服的，在法律规定的期间内可以向上一级人民法院提起上诉，由第二审人民法院进行审理并作出判决。第二审判决为终审判决，劳动争议案件当事人必须执行。一方当事人拒不执行人民法院作出的生效判决的，另一方当事人可以申请人民法院强制执行。劳动争议案件经过第二审人民法院的审理和判决，其整个处理程序终结。即使当事人对判决不服，也只能通过审判监督程序进行申诉，但申诉并不影响判决的执行。

3. 当事人不服仲裁如何提起劳动争议诉讼?

根据《劳动法》的规定，劳动争议当事人对仲裁裁决不服的，可以自收到仲裁裁决书之日起 15 日内向人民法院提起诉讼。按照我国的劳动争议处理制度，当事人的劳动争议必须先经过仲裁程序，在对仲裁裁决不服的情况下，才可以提起诉讼。如果劳动争议没有经过仲裁，当事人无权向人民法院提起诉讼。

4. 提起劳动争议诉讼的当事人应当符合什么条件？

（1）起诉人必须是劳动争议的当事人，即发生争议案件的用人单位和劳动者。当事人可以委托代理人或者律师代其提起诉讼和应诉，未经当事人委托的人无权就争议的案件起诉和应诉；

（2）当事人向人民法院起诉，必须指明是谁侵害了其劳动权益、与其发生了劳动争议；

（3）当事人请求法院保护自己合法权益的必须有具体的诉讼请求和事实、理由，即具体内容及相关证据；

（4）当事人已经得到了劳动争议仲裁程序处理。包括不服仲裁裁决，仲裁委员会不予受理、逾期未作出决定或逾期作出裁决等情形；

（5）当事人起诉应当向有管辖权的人民法院提出。劳动争议案件一般应向对案件作出仲裁裁决的仲裁委员会所在地的人民法院起诉。

5. 当事人不服劳动争议仲裁委员会裁决的哪些劳动争议可以依法向人民法院起诉？

根据《最高人民法院关于审理劳动争议案件适用法律若干问

题的解释》的规定，劳动者与用人单位之间发生的下列纠纷，属于《劳动法》第二条规定的劳动争议，当事人不服劳动争议仲裁委员会作出的裁决，依法向人民法院起诉的，人民法院应当受理：

（1）劳动者与用人单位在履行劳动合同过程中发生的纠纷；

（2）劳动者与用人单位之间没有订立书面劳动合同，但已形成劳动关系后发生的纠纷；

（3）劳动者退休后，与尚未参加社会保险统筹的原用人单位因追索养老金、医疗费、工伤保险待遇和其他社会保险费而发生的纠纷。

6. 当事人可以因哪些事项不服仲裁裁决而向人民法院起诉?

根据《最高人民法院关于审理劳动争议案件适用法律若干问题的解释》的规定，劳动争议仲裁委员会以当事人申请仲裁的事项不属于劳动争议为由，作出不予受理的书面裁决、决定或者通知，当事人不服，依法向人民法院起诉的，人民法院应当分别情况予以处理：

（1）属于劳动争议案件的，应当受理；

（2）虽不属于劳动争议案件，但属于人民法院主管的其他案件，应当依法受理。

7. 当事人不服仲裁委员会仲裁申请超限的裁决能否向人民法院起诉？

根据《最高人民法院关于审理劳动争议案件适用法律若干问题的解释》的规定，劳动争议仲裁委员会根据《劳动法》第八十二条之规定，以当事人的仲裁申请超过60日期限为由，作出不予受理的书面裁决、决定或者通知，当事人不服，依法向人民法院起诉的，人民法院应当受理；对确已超过仲裁申请期限，又无不可抗力或者其他正当理由的，依法驳回其诉讼请求。

8. 哪些劳动争议应当由用人单位负举证责任？

根据《最高人民法院关于审理劳动争议案件适用法律若干问题的解释》的规定，因用人单位作出的开除、除名、辞退、解除劳动合同、减少劳动报酬、计算劳动者工作年限等决定而发生的劳动争议，用人单位负举证责任。

9. 劳动合同无效时用人单位应怎样支付劳动者的报酬和赔偿劳动者的损失？

根据《最高人民法院关于审理劳动争议案件适用法律若干问题的解释》第十四条的规定，劳动合同被确认为无效后，用人单位对劳动者付出的劳动，一般可参照本单位同期、同工种、同岗位的工资标准支付劳动报酬。根据《劳动法》第九十七条之规定，由于用人单位的原因订立的无效合同，给劳动者造成损害的，应当比照违反和解除劳动合同经济补偿金的支付标准，赔偿劳动者因合同无效所造成的经济损失。

10. 在何种情形下劳动者被迫解除劳动合同可以要求用人单位支付劳动报酬和经济赔偿？

根据《最高人民法院关于审理劳动争议案件适用法律若干问

题的解释》的规定，用人单位有下列情形之一，迫使劳动者提出解除劳动合同的，用人单位应当支付劳动者的劳动报酬和经济补偿，并可支付赔偿金：

（1）以暴力、威胁或者非法限制人身自由的手段强迫劳动的；

（2）未按照劳动合同约定支付劳动报酬或者提供劳动条件的；

（3）克扣或者无故拖欠劳动者工资的；

（4）拒不支付劳动者延长工作时间工资报酬的；

（5）低于当地最低工资标准支付劳动者工资的。

11．劳动争议当事人在诉讼阶段能否申请先予执行?

先予执行，是指人民法院在作出判决之前，为解决原告人生活或生产上的困难或急需，而裁定一方当事人给付另一方当事人一定数额的款项或其他财物的一种临时性措施，以维持其生产、生活的正常进行。申请先予执行必须符合法定条件，即当事人之间权利义务关系明确，不先予执行将严重影响申请人的生活或者生产经营的，同时被申请人有履行能力。对下列案件经当事人的申请，法院可以裁定先予执行：

（1）追索赡养费、抚育费、抚恤金、医疗费用的；

（2）追索劳动报酬的；

（3）因情况紧急需要先予执行的。

劳动争议职工一方当事人或委托代理人在诉讼前认为确有必要的，可以向受诉人民法院申请先予执行，以保证职工当事人的基本生活。人民法院在作出先予执行的裁定之前，可以责令申请人提供担保，申请人不提供担保的，驳回申请。如果当事人败诉，应当赔偿对方当事人因先予执行遭受的财产损失。

12. 当事人如何申请对仲裁裁决的强制执行？

当事人向人民法院申请强制执行，应当在法定的期限内以书面形式提出，应当向人民法院提交已经发生法律效力的仲裁裁决书，并在申请强制执行的申请书上明确申请强制执行的内容和要求、申请强制执行的原因和理由等。对符合强制执行条件的申请，人民法院应当依法采取强制执行措施，维护当事人的合法权益。

人民法院对劳动争议案件的强制执行范围包括两个方面：

（1）劳动争议仲裁委员会作出的生效的仲裁调解协议书或仲裁裁决书。

（2）人民法院作出的生效的判决、裁定，由第一审人民法院执行。法律规定由人民法院执行的其他法律文书，由被执行人住所地或者被执行的财产所在地人民法院执行。

13. 工会如何代理职工参与劳动争议诉讼？

《劳动法》规定：劳动者申请仲裁或者提起诉讼的，工会应当依法给予支持和帮助。《工会法》也规定：企业侵犯职工劳动

权益的，职工向人民法院起诉的，工会应当给予支持和帮助。县级以上各级总工会可以为所属工会和职工提供法律咨询服务。

《工会参与劳动争议处理试行办法》规定：县和县以上各级工会组织可以建立法律咨询服务机构，为保护职工和工会组织的合法权益提供服务。工会法律服务机构可以接受职工当事人的委托，代理职工参与劳动争议诉讼。工会法律服务机构接受职工当事人的代理申请后，应当指派代理人，指派的代理人应征得委托人同意。工会法律服务机构代理职工参与诉讼，应当由委托人向仲裁委员会或人民法院提交由委托人签名或盖章的授权委托书。

（四） 举报劳动违法行为

1. 怎样举报违反劳动保障法律的行为？

根据劳动保障部门的有关规定，任何组织或个人对违反劳动保障法律的行为，有权向劳动保障行政部门举报。

如果劳动者认为用人单位侵犯了自己的合法权益，可以向劳动保障监察机构举报。任何组织和个人对于违反劳动保障法律、法规、规章的行为都有权检举和控告。举报可以采取口述举报、电话举报、信函举报等形式。凡符合规定的举报，劳动保障行政部门在7日内立案受理。不符合规定受理范围的举报，告知举报人向有处理权的机关反映。举报人有权要求告知举报的受理和查处结果。

2. 劳动者如何对侵犯其合法权益的行为进行投诉？

根据劳动保障部门的有关规定，劳动者对用人单位违反劳动保障法律、侵犯其合法权益的行为，有权向劳动保障行政部门投诉。对因同一事由引起的集体投诉，投诉人可推荐代表投诉。

投诉应当由投诉人向劳动保障行政部门递交投诉文书。书写投诉文书确有困难的，可以口头投诉，由劳动保障监察机构进行笔录，并由投诉人签字。

投诉文书应当载明下列事项：

（1）投诉人的姓名、性别、年龄、职业、工作单位、住所和联系方式，被投诉用人单位的名称、住所、法定代表人或者主要负责人的姓名、职务；

（2）劳动保障合法权益受到侵害的事实和投诉请求事项。

3. 劳动者的哪些投诉应当依照其他相关规定和程序处理？

根据劳动保障部门的有关规定，有下列情形之一的投诉，劳动保障行政部门应当告知投诉人依照劳动争议处理或者诉讼程序办理：

（1）应当通过劳动争议处理程序解决的；

（2）已经按照劳动争议处理程序申请调解、仲裁的；

（3）已经提起劳动争议诉讼的。

劳动者或者用人单位与社会保险经办机构

发生的社会保险行政争议，按照《社会保险行政争议处理办法》处理。

4. 劳动保障行政部门对哪些投诉应当受理并立案查处?

对符合下列条件的投诉，劳动保障行政部门应当在接到投诉之日起5个工作日内依法受理，并于受理之日立案查处：

（1）违反劳动保障法律的行为发生在两年内的；

（2）有明确的被投诉用人单位，且投诉人的合法权益受到侵害是被投诉用人单位违反劳动保障法律的行为所造成的；

（3）属于劳动保障监察职权范围并由受理投诉的劳动保障行政部门管辖。

对不符合第（1）项规定的投诉，劳动保障行政部门应当在接到投诉之日起5个工作日内决定不予受理，并书面通知投诉人。

对不符合第（2）项规定的投诉，劳动保障监察机构应当告知投诉人补正投诉材料。

对不符合第（3）项规定的投诉，即对不属于劳动保障监察职权范围的投诉，劳动保障监察机构应当告诉投诉人；对属于劳动保障监察职权范围但不属于受理投诉的劳动保障行政部门管辖的投诉，应当告知投诉人向有关劳动保障行政部门提出。

5. 劳动保障行政部门实施劳动保障监察的事项有哪些?

劳动保障行政部门对下列事项实施劳动保障监察：

（1）用人单位制定内部劳动保障规章制度的情况；

（2）用人单位与劳动者订立劳动合同的情况；

（3）用人单位遵守禁止使用童工规定的情况；

（4）用人单位遵守女职工和未成年工特殊劳动保护规定的情况；

（5）用人单位遵守工作时间和休息休假规定的情况；

（6）用人单位支付劳动者工资和执行最低工资标准的情况；

（7）用人单位参加各项社会保险和缴纳社会保险费的情况；

（8）职业介绍机构、职业技能培训机构和职业技能考核鉴定机构遵守国家有关职业介绍、职业技能培训和职业技能考核鉴定的规定的情况；

（9）法律、法规规定的其他劳动保障监察事项。

6. 怎样加大维护农民工权益的执法力度？

《国务院关于进一步做好为农民工服务工作的意见》规定，全面推进劳动保障监察网格化、网络化管理，加强用人单位用工守法诚信管理，完善劳动保障违法行为排查预警、快速处置机制，健全举报投诉制度，依法查处用人单位侵害农民工权益的违法行为。按照“鼓励和解、强化调解、依法仲裁、衔接诉讼”的要求，及时公正处理涉及农民工的劳动争议。畅通农民工劳动争议仲裁“绿色通道”，简化受理立案程序，提高仲裁效率。建立健全涉及农民工的集体劳动争议调处机制。大力加强劳动保障监察机构、劳动人事争议仲裁院和基层劳动争议调解组织建设，完善服务设施，增强维护农民工权益的能力。

各级劳动保障部门要加强劳动保障监察执法工作，充实劳动保障监察人员，加大对用人单位招用农民工签订劳动合同情况的监督检查力度。要公布举报投诉电话，及时处理举报投诉案件。对不按规定与农民工签订劳动合同的用人单位，要依法责令其纠正。

7. 怎样对农民工的劳动合同进行监督检查？

《国务院办公厅关于做好农民进城务工就业管理和服务工作的通知》规定，劳动保障部门要加大对农民工劳动合同的监督检查力度，及时受理劳动合同纠纷。对不与农民工签订劳动合同、采取欺诈和威胁等手段签订合同，以及不履行合同的用人单位，要责令其纠正；对农民工合法利益造成损害的，要责令其进行赔偿；造成严重后果的，要依法严肃处理。

要认真贯彻落实《禁止使用童工规定》。依法保护女工的合法权益。严厉惩处各种污辱农民工人格、侵害农民工人身权利的违法行为。

8. 怎样对拖欠农民工工资的行为进行监督检查?

《国务院办公厅关于做好农民进城务工就业管理和服务工作的通知》规定，用人单位必须以法定货币形式支付农民工工资，不得以任何名目拖欠和克扣。劳动保障部门要加强对用人单位工资支付情况的监督检查，建立农民工工资支付监控制度。对拖欠和克扣农民工工资的用人单位，要责令其及时补发，不能立即补发的，要制订清欠计划，限期补发。对恶意拖欠和克扣工资的企业，涉嫌犯罪的，移交司法机关依法严肃处理。企业在依法破产、清偿债务时，要按照《企业破产法》的规定，把拖欠的农民工工资纳入第一清偿顺序。

各级建设、劳动保障等有关部门要重点做好对建筑施工企业拖欠和克扣农民工工资违法行为的查处工作，严厉打击恶意拖欠、克扣农民工工资的违法行为。因建设单位拖欠施工企业工程款，致使施工企业不能按时发放农民工工资的，要追究建设单位的责任；施工单位拖欠农民工工资的，要追究施工单位的责任。

（五） 对农民工的法律援助

1. 什么是法律援助，什么情况下农民工可以申请法律援助?

法律援助是指由政府设立的法律援助机构组织法律援助的律师，为经济困难或特殊案件的人给予无偿提供法律服务的一项法律保障制度。根据 2003 年施行的《法律援助条例》的规定，申请法律援助应当符合两个最基本的条件：（1）属于可以申请法律援助的法定范围和有合理的理由；（2）因经济困难无力支付法律服务费用。

法律援助的形式有：法律咨询，代拟法律文书；刑事辩护和刑事代理；民事、行政诉讼代理；非诉讼法律事务服务；公证证明；其他形式的法律服务。

2. 申请法律援助应提交什么证明材料？

公民申请代理、刑事辩护的法律援助应当提交下列证件、证明材料：

（1）身份证或者其他有效身份证明，代理申请人还应当提交有代理权的证明；

（2）经济困难的证明，困难标准是按本市县以上人民政府确定的最低生活保障标准掌握；

（3）与所申请法律援助事项有关的案件材料。

申请应当以书面形式，填写申请表；以书面形式提出申请确有困难的可口头申请，由法律援助机构工作人员或者代为转交申请的有关机构工作人员作书面记录。

法律援助机构收到法律援助申请后，应当进行审查；认为申请人提交的证件、证明材料不齐全的，可以要求申请人作出必要的补充或者说明，申请人未按要求作出补充或者说明的，视为撤销申请；认为申请人提交的证件、证明材料需要查证的，由法律援助机构向有关机关、单位查证。对符合法律援助条件的，法律援助机构应当及时决定提供法律援助；对不符合法律援助条件的应当书面告知申请人理由。

3. 怎样做好对农民工的法律服务和法律援助工作？

《国务院关于进一步做好为农民工服务工作的意见》规定，健全基层法律援助和法律服务工作网络，加大法律援助工作力度，使符合条件的农民工及时便捷地获得法律援助。简化法律援助申请受理审查程序，完善异地协作机制，方便农民工异地申请获得法律援助。畅通法律服务热线，加大普法力度，不断提高农民工及用人单位的法制意识和法律素质，引导农民工合法理性维权。

4. 法律援助机构怎样为农民工提供法律援助?

(1) 要提高法律援助工作的便民化程度，依托城市社区、乡镇街道司法所，或者通过与当地建设、劳动与社会保障等行政部门联合成立法律援助工作站，保证农民工就近快捷地申请和获得法律援助。

(2) 应加强日常管理，严格值班制度，在农民工较集中的地区，可实行双休日值班制度；在有条件的地方设立农民工接待室，指定专人负责农民工申请法律援助的接待工作；建立绿色通道，优先接待群体性案件的农民工和因工致残的农民工。

(3) 对农民工申请法律援助的审查，要简化程序，快速办理。

对于符合法律援助条件的，要尽快办理有关手续并指派法律服务人员；对申请事项不属于法律援助范围的，应指引申请人去相关机构处理，不得推诿；对确因情况特殊无法提供身份证明或者经济困难证明的农民工，有事实证明为保障自己的合法权益需要法律援助，情况紧急，不及时处理有可能引发严重事件，或者遇到即将超过仲裁时效或诉讼时效的，或者属于涉及人数众多的群体性案件，法律援助机构可暂不进行经济困难条件审查，及时受理并先行指派法律服务人员提供法律援助，允许受援人事后补交有关证明材料，保证农民工获得及时的法律援助。

5. 工会法律援助与政府法律援助两者关系如何?

工会法律援助与政府法律援助，都是国家法律援助体系的组成部分，二者既有区别，又有密切联系。《法律援助条例》规定，法律援助是政府的责任，县级以上人民政府应当采取积极措施推动法律援助工作，为法律援助提供财政支持，保障法律援助事业与经济、社会协调发展。同时，《法律援助条例》还规定，国家支持和鼓励社会团体、事业单位利用自身资源为经济困难的公民提供法律援助。这些规定充分体现了政府法律援助履行的是国家责任，工会等社会组织法律援助履行的是社会责任，工会法律援助是政府法律援助的补充。

政府法律援助是政府对社会贫弱公民的一项义务。政府通过制定法律法规，建立机构，拨付经费，履行职责，使法律援助具备稳定性、规范性和保障性。工会是职工自愿结合的群众组织，工会法律援助机构根据法律、工会章程等为所属职工、工会工作者、工会组织提供法律帮助，维护他们的合法权益。工会法律援助主要利用工会自身的力量和资源，体现的是职工代表组织对本团体成员的保护和扶助，工会法律援助不具有国家性。

政府法律援助以社会贫弱和特殊案件的当事人为对象，一般以当地政府最低生活保障线为标准，不符合经济困难标准的一般不在政府法律援助范围之内。工会法律援助以合法权益受到侵犯的困难职工、工会工作者和工会组织为服务对象，以协调劳动关系、处理劳动争议为主要内容，通过法律援助手段维护困难职工、工会工作者和基层工会组织的合法权益。经济确有困难、打不起官司的职工、农民工是工会法律援助的重点。工会提供法律援助的困难标准一般参考政府最低生活保障线后自行确定，标准门槛往往低于政府法律援助。

政府法律援助机构对具备法律援助条件、曾获得工会法律帮助的职工当事人，应当提供法律援助，不能因此而拒绝，因为提供法律援助是政府职责。对符合工会法律援助条件，已获得过政府法律援助的职工当事人，工会应与政府法律援助机构取得联系，了解相关情况后再决定对其的法律帮助。工会法律援助对政府法律援助是一种有益的互补，政府对工会法律援助有支持、帮助的职责。如在资金、业务、政策和工作开展上提供必要条件，保证工会法律援助工作正常开展。

6. 工会法律援助范围有哪些?

（1）劳动争议案件；（2）因劳动权益涉及的职工人身权、民主权、财产权受到侵害的案件；（3）工会工作者因履行职责合法权益受到侵犯的案件；（4）工会组织合法权益受到侵犯的案件；（5）工会认为需要提供法律援助的其他事项。

7. 怎样提高农民工依法维权的能力?

（1）提高自身素质，学法懂法用法。国家的立法本意是要化解劳资矛盾，构建和发展和谐稳定的劳动关系。但企业与员工力量对比悬殊，本来就不平等。面对《劳动合同法》和强势企业的种种招式，广大员工必须认真学习文化知识及相关法律，做到学法懂法、知法用法，增强法制观念，弘扬法治精神，懂得运用法律武器保护自己利益，不断提高自身素质，一旦发生争议纠纷，要及时请工会维权或者聘请律师代理，寻求法律援助。

（2）依法签订合同，维护合法权益。入职前，先签约。能签订书面合同的，就不搞口头约定；能签订劳动合同的，就不签订聘用合同或者劳务合同。签约时，劳动者对工作内容、地点、条件和劳动报酬等拥有知情权。

（3）加入工会组织，依靠工会维权。工会是“职工之家”，加入工会，就如回到温暖的家，一旦自己合法权益受到侵犯，就可找工会组织维权。维护劳动者权益是工会的神圣职责。

（4）注意收集证据，依法追讨工钱。被老板拖欠工资，应当通过正当途径解决，不能采取过激行为或者暴力手段，否则会走上违法犯罪道路，钱没有讨到手，自己先锒铛入狱。平时要注意收集相关证据，如合同书、花名册、电话簿、工资单、工资卡、出勤卡、工作牌号或者工作量单，必要时请同事出来做证，证明劳动者与用人单位确实存在劳动关系。

附　录

中华人民共和国劳动合同法

（2007 年 6 月 29 日第十届全国人民代表大会常务委员会第二十八次会议通过　2007 年 6 月 29 日中华人民共和国主席令第 65 号公布　2012 年 12 月 28 日根据《全国人民代表大会常务委员会关于修改〈中华人民共和国劳动合同法〉的决定》修正）

第一章　总　则

第一条　为了完善劳动合同制度，明确劳动合同双方当事人的权利和义务，保护劳动者的合法权益，构建和发展和谐稳定的劳动关系，制定本法。

第二条　中华人民共和国境内的企业、个体经济组织、民办非企业单位等组织（以下称用人单位）与劳动者建立劳动关系，订立、履行、变更、解除或者终止劳动合同，适用本法。

国家机关、事业单位、社会团体和与其建立劳动关系的劳动者，订立、履行、变更、解除或者终止劳动合同，依照本法执行。

第三条　订立劳动合同，应当遵循合法、公平、平等自愿、协商一致、诚实信用的原则。

依法订立的劳动合同具有约束力，用人单位与劳动者应当履行劳动合同约定的义务。

第四条 用人单位应当依法建立和完善劳动规章制度，保障劳动者享有劳动权利、履行劳动义务。

用人单位在制定、修改或者决定有关劳动报酬、工作时间、休息休假、劳动安全卫生、保险福利、职工培训、劳动纪律以及劳动定额管理等直接涉及劳动者切身利益的规章制度或者重大事项时，应当经职工代表大会或者全体职工讨论，提出方案和意见，与工会或者职工代表平等协商确定。

在规章制度和重大事项决定实施过程中，工会或者职工认为不适当的，有权向用人单位提出，通过协商予以修改完善。

用人单位应当将直接涉及劳动者切身利益的规章制度和重大事项决定公示，或者告知劳动者。

第五条 县级以上人民政府劳动行政部门会同工会和企业方面代表，建立健全协调劳动关系三方机制，共同研究解决有关劳动关系的重大问题。

第六条 工会应当帮助、指导劳动者与用人单位依法订立和履行劳动合同，并与用人单位建立集体协商机制，维护劳动者的合法权益。

第二章 劳动合同的订立

第七条 用人单位自用工之日起即与劳动者建立劳动关系。用人单位应当建立职工名册备查。

第八条 用人单位招用劳动者时，应当如实告知劳动者工作内容、工作条件、工作地点、职业危害、安全生产状况、劳动报酬，以及劳动者要求了解的其他情况；用人单位有权了解劳动者与劳动合同直接相关的基本情况，劳动者应当如实说明。

第九条 用人单位招用劳动者，不得扣押劳动者的居民身份证和其他证件，不得要求劳动者提供担保或者以其他名义向劳动者收取财物。

第十条 建立劳动关系，应当订立书面劳动合同。

已建立劳动关系，未同时订立书面劳动合同的，应当自用工之日起一个月内订立书面劳动合同。

用人单位与劳动者在用工前订立劳动合同的，劳动关系自用工之日起建立。

第十一条 用人单位未在用工的同时订立书面劳动合同，与劳动者约定的劳动报酬不明确的，新招用的劳动者的劳动报酬按照集体合同规定的标准执行；没有集体合同或者集体合同未规定的，实行同工同酬。

第十二条 劳动合同分为固定期限劳动合同、无固定期限劳动合同和以完成一定工作任务为期限的劳动合同。

第十三条 固定期限劳动合同，是指用人单位与劳动者约定合同终止时间的劳动合同。

用人单位与劳动者协商一致，可以订立固定期限劳动合同。

第十四条 无固定期限劳动合同，是指用人单位与劳动者约定无确定终止时间的劳动合同。

用人单位与劳动者协商一致，可以订立无固定期限劳动合同。有下列情形之一，劳动者提出或者同意续订、订立劳动合同的，除劳动者提出订立固定期限劳动合同外，应当订立无固定期限劳动合同：

（一）劳动者在该用人单位连续工作满十年的；

（二）用人单位初次实行劳动合同制度或者国有企业改制重新订立劳动合同时，劳动者在该用人单位连续工作满十年且距法定退休年龄不足十年的；

（三）连续订立二次固定期限劳动合同，且劳动者没有本法第三十九条和第四十条第一项、第二项规定的情形，续订劳动合同的。

用人单位自用工之日起满一年不与劳动者订立书面劳动合同的，视为用人单位与劳动者已订立无固定期限劳动合同。

第十五条 以完成一定工作任务为期限的劳动合同，是指用人单位与劳动者约定以某项工作的完成为合同期限的劳动合同。

用人单位与劳动者协商一致，可以订立以完成一定工作任务为期限的劳动合同。

第十六条 劳动合同由用人单位与劳动者协商一致，并经用人单位与劳动者在劳动合同文本上签字或者盖章生效。

劳动合同文本由用人单位和劳动者各执一份。

第十七条 劳动合同应当具备以下条款：

（一）用人单位的名称、住所和法定代表人或者主要负责人；

（二）劳动者的姓名、住址和居民身份证或者其他有效身份证件号码；

（三）劳动合同期限；

（四）工作内容和工作地点；

（五）工作时间和休息休假；

（六）劳动报酬；

（七）社会保险；

（八）劳动保护、劳动条件和职业危害防护；

（九）法律、法规规定应当纳入劳动合同的其他事项。

劳动合同除前款规定的必备条款外，用人单位与劳动者可以约定试用期、培训、保守秘密、补充保险和福利待遇等其他事项。

第十八条 劳动合同对劳动报酬和劳动条件等标准约定不明确，引发争议的，用人单位与劳动者可以重新协商；协商不成的，适用集体合同规定；没有集体合同或者集体合同未规定劳动报酬的，实行同工同酬；没有集体合同或者集体合同未规定劳动条件等标准的，适用国家有关规定。

第十九条 劳动合同期限三个月以上不满一年的，试用期不得超过一个月；劳动合同期限一年以上不满三年的，试用期不得超过二个月；三年以上固定期限和无固定期限的劳动合同，试用期不得超过六个月。

同一用人单位与同一劳动者只能约定一次试用期。

以完成一定工作任务为期限的劳动合同或者劳动合同期限不满三个月的，不得约定试用期。

试用期包含在劳动合同期限内。劳动合同仅约定试用期的，试用期不成立，该期限为劳动合同期限。

第二十条 劳动者在试用期的工资不得低于本单位相同岗位最低档工资或者劳动合同约定工资的百分之八十，并不得低于用人单位所在地的最低工资标准。

第二十一条 在试用期中，除劳动者有本法第三十九条和第四十条第一项、第二项规定的情形外，用人单位不得解除劳动合同。用人单位在试用期解除劳动合同的，应当向劳动者说明理由。

第二十二条 用人单位为劳动者提供专项培训费用，对其进行专业技术培训的，可以与该劳动者订立协议，约定服务期。

劳动者违反服务期约定的，应当按照约定向用人单位支付违约金。违约金的数额不得超过用人单位提供的培训费用。用人单位要求劳动者支付的违约金不得超过服务期尚未履行部分所应分摊的培训费用。

用人单位与劳动者约定服务期的，不影响按照正常的工资调整机制提高劳动者在服务期期间的劳动报酬。

第二十三条 用人单位与劳动者可以在劳动合同中约定保守用人单位的商业秘密和与知识产权相关的保密事项。

对负有保密义务的劳动者，用人单位可以在劳动合同或者保密协议中与劳动者约定竞业限制条款，并约定在解除或者终止劳动合同后，在竞业限制期限内按月给予劳动者经济补偿。劳动者违反竞业限制约定的，应当按照约定向用人单位支付违约金。

第二十四条 竞业限制的人员限于用人单位的高级管理人员、高级技术人员和其他负有保密义务的人员。竞业限制的范围、地域、期限由用人单位与劳动者约定，竞业限制的约定不得违反法律、法规的规定。

在解除或者终止劳动合同后，前款规定的人员到与本单位生产或者经营同类产品、从事同类业务的有竞争关系的其他用人单位，或者自己开业生产或者经营同类产品、从事同类业务的竞业限制期限，不得超过二年。

第二十五条 除本法第二十二条和第二十三条规定的情形外，用人单位不得与劳动者约定由劳动者承担违约金。

第二十六条 下列劳动合同无效或者部分无效：

（一）以欺诈、胁迫的手段或者乘人之危，使对方在违背真实意思的情况下订立或者变更劳动合同的；

（二）用人单位免除自己的法定责任、排除劳动者权利的；

（三）违反法律、行政法规强制性规定的。

对劳动合同的无效或者部分无效有争议的，由劳动争议仲裁机构或者人民法院确认。

第二十七条 劳动合同部分无效，不影响其他部分效力的，其他部分仍然有效。

第二十八条 劳动合同被确认无效，劳动者已付出劳动的，用人单位应当向劳动者支付劳动报酬。劳动报酬的数额，参照本单位相同或者相近岗位劳动者的劳动报酬确定。

第三章 劳动合同的履行和变更

第二十九条 用人单位与劳动者应当按照劳动合同的约定，全面履行各自的义务。

第三十条 用人单位应当按照劳动合同约定和国家规定，向劳动者及时足额支付劳动报酬。

用人单位拖欠或者未足额支付劳动报酬的，劳动者可以依法向当地人民法院申请支付令，人民法院应当依法发出支付令。

第三十一条 用人单位应当严格执行劳动定额标准，不得强

迫或者变相强迫劳动者加班。用人单位安排加班的，应当按照国家有关规定向劳动者支付加班费。

第三十二条 劳动者拒绝用人单位管理人员违章指挥、强令冒险作业的，不视为违反劳动合同。

劳动者对危害生命安全和身体健康的劳动条件，有权对用人单位提出批评、检举和控告。

第三十三条 用人单位变更名称、法定代表人、主要负责人或者投资人等事项，不影响劳动合同的履行。

第三十四条 用人单位发生合并或者分立等情况，原劳动合同继续有效，劳动合同由承继其权利和义务的用人单位继续履行。

第三十五条 用人单位与劳动者协商一致，可以变更劳动合同约定的内容。变更劳动合同，应当采用书面形式。

变更后的劳动合同文本由用人单位和劳动者各执一份。

第四章 劳动合同的解除和终止

第三十六条 用人单位与劳动者协商一致，可以解除劳动合同。

第三十七条 劳动者提前三十日以书面形式通知用人单位，可以解除劳动合同。劳动者在试用期内提前三日通知用人单位，可以解除劳动合同。

第三十八条 用人单位有下列情形之一的，劳动者可以解除劳动合同：

（一）未按照劳动合同约定提供劳动保护或者劳动条件的；

（二）未及时足额支付劳动报酬的；

（三）未依法为劳动者缴纳社会保险费的；

（四）用人单位的规章制度违反法律、法规的规定，损害劳动者权益的；

（五）因本法第二十六条第一款规定的情形致使劳动合同无

效的；

（六）法律、行政法规规定劳动者可以解除劳动合同的其他情形。

用人单位以暴力、威胁或者非法限制人身自由的手段强迫劳动者劳动的，或者用人单位违章指挥、强令冒险作业危及劳动者人身安全的，劳动者可以立即解除劳动合同，不需事先告知用人单位。

第三十九条 劳动者有下列情形之一的，用人单位可以解除劳动合同：

（一）在试用期间被证明不符合录用条件的；

（二）严重违反用人单位的规章制度的；

（三）严重失职，营私舞弊，给用人单位造成重大损害的；

（四）劳动者同时与其他用人单位建立劳动关系，对完成本单位的工作任务造成严重影响，或者经用人单位提出，拒不改正的；

（五）因本法第二十六条第一款第一项规定的情形致使劳动合同无效的；

（六）被依法追究刑事责任的。

第四十条 有下列情形之一的，用人单位提前三十日以书面形式通知劳动者本人或者额外支付劳动者一个月工资后，可以解除劳动合同：

（一）劳动者患病或者非因工负伤，在规定的医疗期满后不能从事原工作，也不能从事由用人单位另行安排的工作的；

（二）劳动者不能胜任工作，经过培训或者调整工作岗位，仍不能胜任工作的；

（三）劳动合同订立时所依据的客观情况发生重大变化，致使劳动合同无法履行，经用人单位与劳动者协商，未能就变更劳动合同内容达成协议的。

第四十一条 有下列情形之一，需要裁减人员二十人以上或

者裁减不足二十人但占企业职工总数百分之十以上的，用人单位提前三十日向工会或者全体职工说明情况，听取工会或者职工的意见后，裁减人员方案经向劳动行政部门报告，可以裁减人员：

（一）依照企业破产法规定进行重整的；

（二）生产经营发生严重困难的；

（三）企业转产、重大技术革新或者经营方式调整，经变更劳动合同后，仍需裁减人员的；

（四）其他因劳动合同订立时所依据的客观经济情况发生重大变化，致使劳动合同无法履行的。

裁减人员时，应当优先留用下列人员：

（一）与本单位订立较长期限的固定期限劳动合同的；

（二）与本单位订立无固定期限劳动合同的；

（三）家庭无其他就业人员，有需要抚养的老人或者未成年人的。

用人单位依照本条第一款规定裁减人员，在六个月内重新招用人员的，应当通知被裁减的人员，并在同等条件下优先招用被裁减的人员。

第四十二条 劳动者有下列情形之一的，用人单位不得依照本法第四十条、第四十一条的规定解除劳动合同：

（一）从事接触职业病危害作业的劳动者未进行离岗前职业健康检查，或者疑似职业病病人在诊断或者医学观察期间的；

（二）在本单位患职业病或者因工负伤并被确认丧失或者部分丧失劳动能力的；

（三）患病或者非因工负伤，在规定的医疗期内的；

（四）女职工在孕期、产期、哺乳期的；

（五）在本单位连续工作满十五年，且距法定退休年龄不足五年的；

（六）法律、行政法规规定的其他情形。

第四十三条 用人单位单方解除劳动合同，应当事先将理由

通知工会。用人单位违反法律、行政法规规定或者劳动合同约定的，工会有权要求用人单位纠正。用人单位应当研究工会的意见，并将处理结果书面通知工会。

第四十四条 有下列情形之一的，劳动合同终止：

（一）劳动合同期满的；

（二）劳动者开始依法享受基本养老保险待遇的；

（三）劳动者死亡，或者被人民法院宣告死亡或者宣告失踪的；

（四）用人单位被依法宣告破产的；

（五）用人单位被吊销营业执照、责令关闭、撤销或者用人单位决定提前解散的；

（六）法律、行政法规规定的其他情形。

第四十五条 劳动合同期满，有本法第四十二条规定情形之一的，劳动合同应当续延至相应的情形消失时终止。但是，本法第四十二条第二项规定丧失或者部分丧失劳动能力劳动者的劳动合同的终止，按照国家有关工伤保险的规定执行。

第四十六条 有下列情形之一的，用人单位应当向劳动者支付经济补偿：

（一）劳动者依照本法第三十八条规定解除劳动合同的；

（二）用人单位依照本法第三十六条规定向劳动者提出解除劳动合同并与劳动者协商一致解除劳动合同的；

（三）用人单位依照本法第四十条规定解除劳动合同的；

（四）用人单位依照本法第四十一条第一款规定解除劳动合同的；

（五）除用人单位维持或者提高劳动合同约定条件续订劳动合同，劳动者不同意续订的情形外，依照本法第四十四条第一项规定终止固定期限劳动合同的；

（六）依照本法第四十四条第四项、第五项规定终止劳动合同的；

（七）法律、行政法规规定的其他情形。

第四十七条　经济补偿按劳动者在本单位工作的年限，每满一年支付一个月工资的标准向劳动者支付。六个月以上不满一年的，按一年计算；不满六个月的，向劳动者支付半个月工资的经济补偿。

劳动者月工资高于用人单位所在直辖市、设区的市级人民政府公布的本地区上年度职工月平均工资三倍的，向其支付经济补偿的标准按职工月平均工资三倍的数额支付，向其支付经济补偿的年限最高不超过十二年。

本条所称月工资是指劳动者在劳动合同解除或者终止前十二个月的平均工资。

第四十八条　用人单位违反本法规定解除或者终止劳动合同，劳动者要求继续履行劳动合同的，用人单位应当继续履行；劳动者不要求继续履行劳动合同或者劳动合同已经不能继续履行的，用人单位应当依照本法第八十七条规定支付赔偿金。

第四十九条　国家采取措施，建立健全劳动者社会保险关系跨地区转移接续制度。

第五十条　用人单位应当在解除或者终止劳动合同时出具解除或者终止劳动合同的证明，并在十五日内为劳动者办理档案和社会保险关系转移手续。

劳动者应当按照双方约定，办理工作交接。用人单位依照本法有关规定应当向劳动者支付经济补偿的，在办结工作交接时支付。

用人单位对已经解除或者终止的劳动合同的文本，至少保存二年备查。

第五章　特别规定

第一节　集体合同

第五十一条　企业职工一方与用人单位通过平等协商，可以就劳动报酬、工作时间、休息休假、劳动安全卫生、保险福利等事项订立集体合同。集体合同草案应当提交职工代表大会或者全体职工讨论通过。

集体合同由工会代表企业职工一方与用人单位订立；尚未建立工会的用人单位，由上级工会指导劳动者推举的代表与用人单位订立。

第五十二条 企业职工一方与用人单位可以订立劳动安全卫生、女职工权益保护、工资调整机制等专项集体合同。

第五十三条 在县级以下区域内，建筑业、采矿业、餐饮服务业等行业可以由工会与企业方面代表订立行业性集体合同，或者订立区域性集体合同。

第五十四条 集体合同订立后，应当报送劳动行政部门；劳动行政部门自收到集体合同文本之日起十五日内未提出异议的，集体合同即行生效。

依法订立的集体合同对用人单位和劳动者具有约束力。行业性、区域性集体合同对当地本行业、本区域的用人单位和劳动者具有约束力。

第五十五条 集体合同中劳动报酬和劳动条件等标准不得低于当地人民政府规定的最低标准；用人单位与劳动者订立的劳动合同中劳动报酬和劳动条件等标准不得低于集体合同规定的标准。

第五十六条 用人单位违反集体合同，侵犯职工劳动权益的，工会可以依法要求用人单位承担责任；因履行集体合同发生争议，经协商解决不成的，工会可以依法申请仲裁、提起诉讼。

第二节 劳务派遣

第五十七条 经营劳务派遣业务应当具备下列条件：

（一）注册资本不得少于人民币二百万元；

（二）有与开展业务相适应的固定的经营场所和设施；

（三）有符合法律、行政法规规定的劳务派遣管理制度；

（四）法律、行政法规规定的其他条件。

经营劳务派遣业务，应当向劳动行政部门依法申请行政许可；经许可的，依法办理相应的公司登记。未经许可，任何单位和个人不得经营劳务派遣业务。

第五十八条　劳务派遣单位是本法所称用人单位，应当履行用人单位对劳动者的义务。劳务派遣单位与被派遣劳动者订立的劳动合同，除应当载明本法第十七条规定的事项外，还应当载明被派遣劳动者的用工单位以及派遣期限、工作岗位等情况。

劳务派遣单位应当与被派遣劳动者订立二年以上的固定期限劳动合同，按月支付劳动报酬；被派遣劳动者在无工作期间，劳务派遣单位应当按照所在地人民政府规定的最低工资标准，向其按月支付报酬。

第五十九条　劳务派遣单位派遣劳动者应当与接受以劳务派遣形式用工的单位（以下称用工单位）订立劳务派遣协议。劳务派遣协议应当约定派遣岗位和人员数量、派遣期限、劳动报酬和社会保险费的数额与支付方式以及违反协议的责任。

用工单位应当根据工作岗位的实际需要与劳务派遣单位确定派遣期限，不得将连续用工期限分割订立数个短期劳务派遣协议。

第六十条　劳务派遣单位应当将劳务派遣协议的内容告知被派遣劳动者。

劳务派遣单位不得克扣用工单位按照劳务派遣协议支付给被派遣劳动者的劳动报酬。

劳务派遣单位和用工单位不得向被派遣劳动者收取费用。

第六十一条　劳务派遣单位跨地区派遣劳动者的，被派遣劳动者享有的劳动报酬和劳动条件，按照用工单位所在地的标准执行。

第六十二条　用工单位应当履行下列义务：

（一）执行国家劳动标准，提供相应的劳动条件和劳动保护；

（二）告知被派遣劳动者的工作要求和劳动报酬；

（三）支付加班费、绩效奖金，提供与工作岗位相关的福利待遇；

（四）对在岗被派遣劳动者进行工作岗位所必需的培训；

（五）连续用工的，实行正常的工资调整机制。

用工单位不得将被派遣劳动者再派遣到其他用人单位。

第六十三条 被派遣劳动者享有与用工单位的劳动者同工同酬的权利。用工单位应当按照同工同酬原则，对被派遣劳动者与本单位同类岗位的劳动者实行相同的劳动报酬分配办法。用工单位无同类岗位劳动者的，参照用工单位所在地相同或者相近岗位劳动者的劳动报酬确定。

劳务派遣单位与被派遣劳动者订立的劳动合同和与用工单位订立的劳务派遣协议，载明或者约定的向被派遣劳动者支付的劳动报酬应当符合前款规定。

第六十四条 被派遣劳动者有权在劳务派遣单位或者用工单位依法参加或者组织工会，维护自身的合法权益。

第六十五条 被派遣劳动者可以依照本法第三十六条、第三十八条的规定与劳务派遣单位解除劳动合同。

被派遣劳动者有本法第三十九条和第四十条第一项、第二项规定情形的，用工单位可以将劳动者退回劳务派遣单位，劳务派遣单位依照本法有关规定，可以与劳动者解除劳动合同。

第六十六条 劳动合同用工是我国的企业基本用工形式。劳务派遣用工是补充形式，只能在临时性、辅助性或者替代性的工作岗位上实施。

前款规定的临时性工作岗位是指存续时间不超过六个月的岗位；辅助性工作岗位是指为主营业务岗位提供服务的非主营业务岗位；替代性工作岗位是指用工单位的劳动者因脱产学习、休假等原因无法工作的一定期间内，可以由其他劳动者替代工作的岗位。

用工单位应当严格控制劳务派遣用工数量，不得超过其用工总量的一定比例，具体比例由国务院劳动行政部门规定。

第六十七条　用人单位不得设立劳务派遣单位向本单位或者所属单位派遣劳动者。

第三节　非全日制用工

第六十八条　非全日制用工，是指以小时计酬为主，劳动者在同一用人单位一般平均每日工作时间不超过四小时，每周工作时间累计不超过二十四小时的用工形式。

第六十九条　非全日制用工双方当事人可以订立口头协议。

从事非全日制用工的劳动者可以与一个或者一个以上用人单位订立劳动合同；但是，后订立的劳动合同不得影响先订立的劳动合同的履行。

第七十条　非全日制用工双方当事人不得约定试用期。

第七十一条　非全日制用工双方当事人任何一方都可以随时通知对方终止用工。终止用工，用人单位不向劳动者支付经济补偿。

第七十二条　非全日制用工小时计酬标准不得低于用人单位所在地人民政府规定的最低小时工资标准。

非全日制用工劳动报酬结算支付周期最长不得超过十五日。

第六章　监督检查

第七十三条　国务院劳动行政部门负责全国劳动合同制度实施的监督管理。

县级以上地方人民政府劳动行政部门负责本行政区域内劳动合同制度实施的监督管理。

县级以上各级人民政府劳动行政部门在劳动合同制度实施的监督管理工作中，应当听取工会、企业方面代表以及有关行业主管部门的意见。

第七十四条　县级以上地方人民政府劳动行政部门依法对下

列实施劳动合同制度的情况进行监督检查：

（一）用人单位制定直接涉及劳动者切身利益的规章制度及其执行的情况；

（二）用人单位与劳动者订立和解除劳动合同的情况；

（三）劳务派遣单位和用工单位遵守劳务派遣有关规定的情况；

（四）用人单位遵守国家关于劳动者工作时间和休息休假规定的情况；

（五）用人单位支付劳动合同约定的劳动报酬和执行最低工资标准的情况；

（六）用人单位参加各项社会保险和缴纳社会保险费的情况；

（七）法律、法规规定的其他劳动监察事项。

第七十五条 县级以上地方人民政府劳动行政部门实施监督检查时，有权查阅与劳动合同、集体合同有关的材料，有权对劳动场所进行实地检查，用人单位和劳动者都应当如实提供有关情况和材料。

劳动行政部门的工作人员进行监督检查，应当出示证件，依法行使职权，文明执法。

第七十六条 县级以上人民政府建设、卫生、安全生产监督管理等有关主管部门在各自职责范围内，对用人单位执行劳动合同制度的情况进行监督管理。

第七十七条 劳动者合法权益受到侵害的，有权要求有关部门依法处理，或者依法申请仲裁、提起诉讼。

第七十八条 工会依法维护劳动者的合法权益，对用人单位履行劳动合同、集体合同的情况进行监督。用人单位违反劳动法律、法规和劳动合同、集体合同的，工会有权提出意见或者要求纠正；劳动者申请仲裁、提起诉讼的，工会依法给予支持和帮助。

第七十九条 任何组织或者个人对违反本法的行为都有权举

报，县级以上人民政府劳动行政部门应当及时核实、处理，并对举报有功人员给予奖励。

第七章　法律责任

第八十条　用人单位直接涉及劳动者切身利益的规章制度违反法律、法规规定的，由劳动行政部门责令改正，给予警告；给劳动者造成损害的，应当承担赔偿责任。

第八十一条　用人单位提供的劳动合同文本未载明本法规定的劳动合同必备条款或者用人单位未将劳动合同文本交付劳动者的，由劳动行政部门责令改正；给劳动者造成损害的，应当承担赔偿责任。

第八十二条　用人单位自用工之日起超过一个月不满一年未与劳动者订立书面劳动合同的，应当向劳动者每月支付二倍的工资。

用人单位违反本法规定不与劳动者订立无固定期限劳动合同的，自应当订立无固定期限劳动合同之日起向劳动者每月支付二倍的工资。

第八十三条　用人单位违反本法规定与劳动者约定试用期的，由劳动行政部门责令改正；违法约定的试用期已经履行的，由用人单位以劳动者试用期满月工资为标准，按已经履行的超过法定试用期的期间向劳动者支付赔偿金。

第八十四条　用人单位违反本法规定，扣押劳动者居民身份证等证件的，由劳动行政部门责令限期退还劳动者本人，并依照有关法律规定给予处罚。

用人单位违反本法规定，以担保或者其他名义向劳动者收取财物的，由劳动行政部门责令限期退还劳动者本人，并以每人五百元以上二千元以下的标准处以罚款；给劳动者造成损害的，应当承担赔偿责任。

劳动者依法解除或者终止劳动合同，用人单位扣押劳动者档案或者其他物品的，依照前款规定处罚。

第八十五条 用人单位有下列情形之一的，由劳动行政部门责令限期支付劳动报酬、加班费或者经济补偿；劳动报酬低于当地最低工资标准的，应当支付其差额部分；逾期不支付的，责令用人单位按应付金额百分之五十以上百分之一百以下的标准向劳动者加付赔偿金：

（一）未按照劳动合同的约定或者国家规定及时足额支付劳动者劳动报酬的；

（二）低于当地最低工资标准支付劳动者工资的；

（三）安排加班不支付加班费的；

（四）解除或者终止劳动合同，未依照本法规定向劳动者支付经济补偿的。

第八十六条 劳动合同依照本法第二十六条规定被确认无效，给对方造成损害的，有过错的一方应当承担赔偿责任。

第八十七条 用人单位违反本法规定解除或者终止劳动合同的，应当依照本法第四十七条规定的经济补偿标准的二倍向劳动者支付赔偿金。

第八十八条 用人单位有下列情形之一的，依法给予行政处罚；构成犯罪的，依法追究刑事责任；给劳动者造成损害的，应当承担赔偿责任：

（一）以暴力、威胁或者非法限制人身自由的手段强迫劳动的；

（二）违章指挥或者强令冒险作业危及劳动者人身安全的；

（三）侮辱、体罚、殴打、非法搜查或者拘禁劳动者的；

（四）劳动条件恶劣、环境污染严重，给劳动者身心健康造成严重损害的。

第八十九条 用人单位违反本法规定未向劳动者出具解除或者终止劳动合同的书面证明，由劳动行政部门责令改正；给劳动者造成损害的，应当承担赔偿责任。

第九十条 劳动者违反本法规定解除劳动合同，或者违反劳动合同中约定的保密义务或者竞业限制，给用人单位造成损失的，应当承担赔偿责任。

第九十一条 用人单位招用与其他用人单位尚未解除或者终止劳动合同的劳动者，给其他用人单位造成损失的，应当承担连带赔偿责任。

第九十二条 违反本法规定，未经许可，擅自经营劳务派遣业务的，由劳动行政部门责令停止违法行为，没收违法所得，并处违法所得一倍以上五倍以下的罚款；没有违法所得的，可以处五万元以下的罚款。

劳务派遣单位、用工单位违反本法有关劳务派遣规定的，由劳动行政部门责令限期改正；逾期不改正的，以每人五千元以上一万元以下的标准处以罚款，对劳务派遣单位，吊销其劳务派遣业务经营许可证。用工单位给被派遣劳动者造成损害的，劳务派遣单位与用工单位承担连带赔偿责任。

第九十三条 对不具备合法经营资格的用人单位的违法犯罪行为，依法追究法律责任；劳动者已经付出劳动的，该单位或者其出资人应当依照本法有关规定向劳动者支付劳动报酬、经济补偿、赔偿金；给劳动者造成损害的，应当承担赔偿责任。

第九十四条 个人承包经营违反本法规定招用劳动者，给劳动者造成损害的，发包的组织与个人承包经营者承担连带赔偿责任。

第九十五条 劳动行政部门和其他有关主管部门及其工作人员玩忽职守、不履行法定职责，或者违法行使职权，给劳动者或者用人单位造成损害的，应当承担赔偿责任；对直接负责的主管人员和其他直接责任人员，依法给予行政处分；构成犯罪的，依法追究刑事责任。

第八章　附　则

第九十六条　事业单位与实行聘用制的工作人员订立、履行、变更、解除或者终止劳动合同，法律、行政法规或者国务院另有规定的，依照其规定；未作规定的，依照本法有关规定执行。

第九十七条　本法施行前已依法订立且在本法施行之日存续的劳动合同，继续履行；本法第十四条第二款第三项规定连续订立固定期限劳动合同的次数，自本法施行后续订固定期限劳动合同时开始计算。

本法施行前已建立劳动关系，尚未订立书面劳动合同的，应当自本法施行之日起一个月内订立。

本法施行之日存续的劳动合同在本法施行后解除或者终止，依照本法第四十六条规定应当支付经济补偿的，经济补偿年限自本法施行之日起计算；本法施行前按照当时有关规定，用人单位应当向劳动者支付经济补偿的，按照当时有关规定执行。

第九十八条　本法自 2008 年 1 月 1 日起施行。